JN133586

道元百話

The 100Stories of DOGEN

Nakano Tozen

中野東禅

東方出版

目次

第三章　高き色に会わんとおもう――求める人々……125

第四章　一耳は説き一耳は聞く――禅の生き方を説き尽くす……185

序　道元禅師の生きた時代

仏道をならふといふは自己をならふなり。

この有名な言葉は『正法眼蔵《しょうぼうげんぞう》』「現成公案《げんじょうこうあん》」で道元禅師が述べたものである。仏教を学ぶというのは「自己とは何か」を学ぶことである、と言うのである。自己とは、自分の生と死、自分の命と心、存在の根源、宇宙の根源などすべてである。

このようにずばりといいのける道元という人はどんな人であろうか。禅師の百の言葉を手掛かりに学ぶことにしよう。

道元禅師は日本に曹洞派の禅を伝えた人である。その生涯は、鎌倉幕府創草期の正治二年（西暦一二〇〇）に生まれ、建長五年（一二五三）に五十四歳で亡くなっている。

生まれたのは京都である。父親は通説では久我通親《こがみちちか》といい、母親は藤原一族の松殿基房《まつどのもとふさ》の娘の伊子《いし》という人である。

三歳で父親に死別し、
八歳で母親に死別している。
その後、十三歳で比叡山に上り、十四歳で僧侶になり、
十五歳で疑問を持って諸師を訪ね、日本臨済宗の初祖栄西禅師に会い、
十八歳で比叡山を下りて、京都の臨済宗建仁寺に入り、
二十四歳で中国に渡り、
二十六歳の時、曹洞派の禅を伝える天童山の如浄禅師に会い、
二十八歳で如浄禅師から法を伝えて帰国し、建仁寺に落ち着いて『普勧坐禅儀《ふかんざぜんぎ》』を書き、
三十一歳の時、深草に閑居し、『正法眼蔵』と題する法語を説き始め、
三十四歳の時、宇治に興聖寺を開き、僧侶教育と、信徒の教化に力を尽くし、
四十四歳の時、波多野義重の要請により、突然、宇治を捨てて越前に移り、翌年大仏寺
を開き、二年後に永平寺と改める。
四十八歳の時、鎌倉に行き、北条時頼に説法し、

五十三歳の時、療養のために京都に至り、そこで亡くなっている。

これが道元禅師という禅僧の簡単な生涯である。その間に『正法眼蔵』という題をかぶせた法語が九十五巻として残されている。その他、漢文の法語や、弟子によって記録された『正法眼蔵随聞記』、その他、膨大な教えを文章に残した。

特に、人間の上に悟りを確かめるのが生活の中での修行である、という禅の立場から「生活禅」を確立したのである。


日本仏教は、奈良時代の仏教と、平安時代初期に成立した真言宗、天台宗、鎌倉時代に成立する浄土宗、浄土真宗、禅の臨済宗、禅の曹洞宗、日蓮宗、江戸時代に隠元禅師が伝えた臨済禅の黄檗宗などが代表である。

その中で曹洞禅を伝えた道元禅師が生きたのはどんな時代であったろうか。

その前後を大ざっぱに確かめて見よう。

一一八五年、平氏滅亡。

一一九九年、源頼朝没。

一二一九年、実朝殺害。

一二二一年、承久の変。

一二七四年、蒙古襲来（文永の役）。

という激動の武家政権創草期という時代である。象徴的にいえば、平家滅亡から、蒙古襲来に至る九十年間のちょうど中間ということになる。

そうした時代の風景を禅師は語っているだろうか。それがはっきり見えてこないと道元という人物の言葉も見えてこないことになる。

道元禅師は出家して世間を捨てたために社会の事柄については一切語らない人であった。しかし、人々の悩みや苦しみは時代社会と人間として生きることへの疑問から出てくるのであるから、時代から無縁ではないはずである。では、語らなかったということは、超然としていたからであろうか。

道元禅師に質問し、聞法している人たちはその時代の真っただ中にいて聞いているのであるから、道元禅師の言葉は、時代の生の感覚の上に立って語っているのである。つまり時代の息吹は言外に前提されているのである。その上で禅師の言葉を読み取らなければならないであろう。

同時代を生きた人にはどんな人がいたのであろうか。道元禅師と何歳違うか並べて見ると、次のようになる。

日本浄土宗の祖、法然上人源空	一一三三年〜一二一二年	八十歳没	六十七歳上
日本臨済宗の祖、明庵栄西禅師	一一四一年〜一二一五年	七十五歳没	五十九歳上
栂尾の高山寺、明恵上人高弁	一一七三年〜一二三二年	六十歳没	二十七歳上
浄土真宗の祖、親鸞聖人	一一七三年〜一二六二年	九十歳没	二十七歳上
日蓮宗の祖、日蓮聖人	一二二二年〜一二八二年	六十一歳没	二十二歳下
念仏の時宗の祖、一遍智真上人	一二三九年〜一二八九年	五十一歳没	三十九歳下

鴨長明（一一五五頃〜一二一六）は下鴨神社の神主の子で晩年に出家した歌人であるが、

その『方丈記』では、

ゆく川の流れは絶えずして、しかももとの水にはあらず。よどみにうかぶうたかた（泡）はかつ消えかつ結びて、久しくとどまりたるためしなし。世の中にある人と栖《すみか》と、またかくのごとし。

という有名な言葉で語り出し、養和年間（一一八一年、一年のみ）の悲惨な飢饉の様子を伝えている。禅師の生まれる二十年ほど前のことであり、平清盛が没した年である。

戦乱、災害、人倫の混乱、もちろん経済的混乱が繰り返される中で、在地武士集団が一族と農地を経営して台頭する時代である。

後白河法皇による鎌倉幕府へのクーデターが失敗した承久の乱（一二二一年）により、貴族はますます力を失い、武士集団は必死になって生きていた時代である。政治的にも経済的にも命の上でも生と死が鋭く拮抗《きっこう》していた時代であったに違いない。源平の政権交代があり、敵か味方か、どこの縁戚かということで一族が絶滅するか生き残るかという存亡の危険を繰り返していた必死の時代でもあったといえよう。

そうした激動の時代の中でも、平安時代に築いた文化の厚みによって、仏教の日本化、日本的精神の深化の時代でもあったといわれている。

奈良仏教といわれるものは、宇宙は無限縁起であり一切の存在は花と輝くと説く『華厳経』による「華厳宗」の東大寺、煩悩と悟りの根源である心を深く観察する「法相宗」の法隆寺・薬師寺・興福寺・京都の清水寺、戒律を信じることで仏の教えに包まれることが完成するという「律宗」の唐招提寺などであった。

平安仏教は、弘法大師空海の真言密教で仏と人間の一体化を実証し、伝教大師最澄の天台宗は法華・密教・律・禅の四宗と三代目による浄土教の導入で五宗の総合仏教で、人間の救済の行・学が深化されていった。

そうした土壌で、日本人の体質に合う仏教としての咀嚼《そしゃく》が進んだ。『源氏物語』などの女流文学や「能」の成立に平安仏教の深みが読み取れるのである。

しかし、それは同時に人間解釈、人間救済の理論にアニミズム的な解釈が混入することでもあった。

一方、平安時代の後半を特徴付ける思潮は「末法思想」であった。インド仏教で六世紀頃にできた歴史観で、正しい教え・行・悟り（証）の三つが伝わる「正法」が一〇〇〇年、形式的仏教になって教と行はあるが悟り（証）に至る人のない「像法」が一〇〇〇年、教えは残るが行と証がなくなる末法が一万年続き、その後は仏教ということさえ消滅してしまうという思想である。

唐の法琳が拠りどころにした『周書異記《しゅうしょいき》』に基づいて西暦紀元前九四九年にお釈迦さまが亡くなったとするために、その二〇〇一年後は、永承七年（一〇五二）ということになる。

この歴史観と現実の社会的混乱と自然災害の連続とが重なって「末法思想」が信じられ、人間の罪と不信に対する内省が進んだ。しかし、同時に人々の恐怖と失望も深いものであった。そうした中から、浄土の思想が人々の救いになっていた。

それなのに道元禅師には「末法思想」がない。人間の根源を問う時、信じられない罪の深さという「心」で見るのではなく、人は死ぬという「無常観」から見るのである。そして人は必ずこの厳粛な事実に気付く「智」に恵まれている。それを「仏性《ぶっしょう》」といっている。

道元禅師の特徴であり、かつ根本仏教に直結しているという主張は、ここからもはっきりしてくるのである。

以上のようなことを意識しながら道元禅師の生涯を百話でたどって見ようと思う。

第一章　身心《しんじん》を放下《ほうげ》して行く——求道の道元禅師

1　道心の手本――宗教的環境

伝《つた》え聞《き》く、高野《こうや》の空阿弥陀仏《くうあみだぶつ》は、元《もと》は顕密《けんみつ》の碩徳《せきとく》なりき。遁世《とんせい》の後《のち》、念仏《ねんぶつ》の門《もん》に入《い》りて後《のち》、真言師《しんごんし》ありて、来《きたり》て密宗《みっしゅう》の法門《ほうもん》を問《と》いけるに、彼《か》の人答《ひとこた》えて云《いわ》く、皆忘《みなわす》れおわりぬ。一事《いちじ》もおぼえずとて、答《こた》えられざりけり。これこそ、道心《どうしん》の手本《てほん》となるべけれ。などか少々覚《しょうしょうおぼ》えでもあるべき。しかあれども、無用《むよう》なることをばいわざりける也《なり》。

（『正法眼蔵随聞記《しょうぼうげんぞうずいもんき》』「三・一七」）

『正法眼蔵随聞記』は、道元禅師が宇治に興聖寺を開いた後に弟子になった懐弉《えじょう》が、一二三五年から三八年にかけて筆録したものである。

禅師は自分の俗縁・同族については一切語らなかった。同族は古代から中世にかけての人々の生きる根拠であろう。その同族が争いの根源でもあるから、それを越えた普遍的な個人の存在をこそ救済の場とする禅仏教を語るために、同族という俗縁を語らないのであろう。

鎌倉時代という名僧の排出した時代に生きながら、それらの人についての道元禅師はほとんど語っていない。それは直接仏法に関わることと人についてしか語らず、記録されていないからであろう。

その中で珍しく仏法との関わりで語っているのが「空阿弥陀仏」のことである。

高野山真言宗の空阿弥陀仏という人は、もともとは教理（顕）と内面の出会い（密）を修行した学徳の高い僧である。しかし、正式の僧侶をやめて隠遁僧となって法然上人《ほうねんしょうにん》の念仏の教えに入った。その後、真言宗の僧侶が真言密教の教義について質問に来た。その時、空阿弥陀仏は「皆忘れて何も覚えていない」と答えたそうである。

これは道を求める人にとって手本になるはずである。どうして、少しくらいは覚えているに違いないのに。しかし、知識があるからと言って信じる教えを変えた以上、信じられなくなった教理について語るのは、己《おのれ》を裏切り、教えを裏切ることになる。だから何も語らなかったのである。

空阿弥陀仏は明遍《みょうへん》といい、一一四三年から一二二四年の人である。法然上人が亡くなってからはその遺骨を首にかけていたという人である。

法然門下には、もう一人空阿弥陀仏という人がいる。こちらは天台出身で一二二七年に亡くなっている。この人は自らを「無智の空阿弥陀仏」といい、明遍を「有智の空阿弥陀仏」と言っていたという。

さて、法然上人門下のこうした言行が道元禅師の耳に入っていたということはなぜだろうか。道元禅師を知る手掛かりにならないだろうか。

空阿弥陀仏は藤原一族の出身であり、道元禅師の母方の松殿家は藤原一族である。禅師の母方の祖父である松殿基房の弟は九条兼実《かねざね》である。九条兼実は法然上人から繰り返し受戒をうけ、一二〇二年には法然上人のもとで出家している。

とするならば、少年時代の道元禅師が法然門下の空阿弥陀仏の言行を家族たちから聞いていたとしても不思議はないであろう。

しかも、松殿基房、九条兼実の兄弟には天台座主《ざす》慈円《じえん》がいる。道元禅師の家庭環境は政治と同時に、宗教的に高度な教養に満ちていたと推測をしてもいいのではないだろうか。

2　同族体制から個への超克《ちょうこく》——その出自《しゅつじ》

永平《えいへい》の拄杖《しゅじょう》、一枝《いっし》の梅《うめ》。天暦年中《てんりゃくねんちゅう》、殖種《しょくしゅ》し来《きた》る。五葉《ごよう》、聯芳《れんぽう》、今《いま》、未《いま》だ旧《ふ》りず。根茎果実《こんけいかじつ》、誠《まこと》に悠《ゆう》なる哉《かな》。

（『永平道元和尚広録《えいへいどうげんおしょうこうろく》』「第五・三六二」）

いきなり難しい漢詩を取り上げることをお許しいただきたい。

道元禅師は自分の出自についてほとんど語っていないので、数少ない言葉からこれを手掛かりに話を進めよう。

この漢詩は、育ての親とされている源の大納言（亜相）通具《みちとも》の命日に、永平寺で法語を述べたものである。

「永平和尚の杖である一枝の梅は、（西暦九四七～九五七年の）天暦年間に村上天皇の時に久我《こが》姓を受けて民間に分かれた時に種蒔かれて、五葉に花開き、その香りを伝え、まだ古くなっていない。その根も果実も悠々として（今、仏法となって）栄えている」というような意味である。

この言葉でわかる通り、道元禅師の出身は村上源氏系の久我家である。父親は通説では「久我通親《こがみちちか》」といわれている。しかし、通親は道元禅師が三歳の時に亡くなっている。

宮廷政治家の久我通親は何人もの貴族婦人と関係しているために、縁戚には後鳥羽《ごとば》上皇、その子の土御門《つちみかど》天皇、後嵯峨《ごさが》天皇がいる。この三人は「承久の乱」で流罪《るざい》になる。また、浄土宗の法然門下で西山派《せいざんは》を開く証空上人《しょうくうしょうにん》は異母兄弟である。

育ての親は通説では異母兄の堀川大納言通具《みちとも》であるとされている。

母親は、藤原一門の松殿基房の娘・伊子《いし》であるとされている。木曾義仲が京都に攻め込んで平家を都から追い出した後、義仲の寵愛を受けた女性だという説が強い。つまり、政治にもてあそばれた婦人なのかもしれない。

久我家は京都の南、桂川と名神高速道路の交差する辺りから長岡京にかけて勢力を持ち、松殿家はＪＲ奈良線の木幡《こわた》駅一帯に居を構えていたようである。

道元禅師の幼名はわかっていない。出家後に一切の記録を消させたのであろう。呼び名として「文殊丸」と言われたという。しかし、それも江戸時代の面山和尚が『訂補建撕記《ていほけんぜいき》』という道元禅師の伝記を書いた時に「あざな」として取り上げたものである。その根拠は永平寺第十四世の建撕和尚（一四一五〜一四七二）が書いた伝記の『建撕記』に「利根《りこん》なること文殊《もんじゅ》の如し」とあるところからとったのであろう。

育ったのは、久我家か松殿家かははっきりしていないが、当時の貴族社会の婚姻形態からすれば母の伊子は松殿家にいたということも考えられる。そうすれば、幼時から童子期にかけて木幡と久我を行き来していたと見るほうがいいであろう。

というのは、後に『正法眼蔵《しょうぼうげんぞう》』という主著に当たる法語を、当時の知識人の常識である漢文でなく日本語で語り、仮名で書いたということは、女流文学の風土の中で育ったからではないか、と想像しているから、母とそれを取り巻く女房《にょぼう》たちの環境の影響が強かったのではないかと考えているのである。

さて、このように権力に近い一族に生まれたからこそ、同族社会を超克しようとして両家にも記録から消させたのかもしれない。しかし、育父の命日と、母の命日の法語はそれぞれ二つずつ残されている。いずれも仏法を挙揚することで恩に報いるという趣旨である。

3　何を学ぶべきか――誕生と家庭の環境

我幼少《われようしょう》の昔《むかし》、紀伝等《きでんとう》を好《この》み学《がく》して、其《それ》が今《いま》も、入宋伝法《にっそうでんぽう》するまでも、内外《ないげ》の書籍《しょじゃく》をひらき、方言《ほうごん》を通《つう》ずるまでも、大切《たいせつ》の用事《ようじ》、又世間《またせけん》の為《ため》にも尋常也《じんじょうなり》。俗《ぞく》なんども、尋常《じんじょう》のことに思《おも》ひたる、かたがた用事《ようじ》にて有《あれ》ども、今《いま》つらつら思《おも》うに、学道《がくどう》の礙《さわり》にてある也《なり》。

(中略)

語言文章《ごごんぶんしょう》はいかにもあれ、思《おも》うままの理《ことわり》をつぶつぶと書《か》きたらば、後来《こうらい》も、文章《ぶんしょう》わろしと思《おも》うとも、理《ことわり》だにもきこえたらば、道《どう》のためには大切也《たいせつなり》。

（『正法眼蔵随聞記《しょうぼうげんぞうずいもんき》』「三・一七」）

道元禅師が生まれたのは、正治二年（西暦一二〇〇）である。江戸時代の面山和尚によって陰暦正月二日（太陽暦二十六日）とされている。

禅師はご自分の在俗時代のことはほとんど語っていない。ここでは文章を飾る知識人の教養や、外国語に上達することと仏教の修行との関係を述べる中で、幼少期の学習について触れている。

「紀伝」というのは、水野弥穂子先生の注によれば「紀伝道」のことで、『前漢書《ぜんかんじょ》』『後漢書』『史記』のことで、桓武天皇時代以来、大学寮に紀伝博士をおいてこれを読み、伝えていたという。主として菅原家が伝えていたという。道元禅師は、こうしたものを少年期に学んだというのである。

『建撕記』では四歳で『李嶠百詠《りきょうひゃくえい》』を、七歳で『毛詩《もうし》』『左伝《さでん》』を読んだとされている。さらに九歳で世親《せしん》の『倶舎論《くしゃろん》』を読んだという。

『毛詩』というのは『詩経《しきょう》』の注釈であり、『左伝』は『春秋左氏伝』で『春秋』の注釈書である。『倶舎論《くしゃろん》』というのは、インドで西暦紀元以前から紀元後にかけて成立したアビダツマ仏教の論文を注釈したヴァスバンドゥ（世親）の書であり、奈良仏教では重要な書である。

ここに当時の上流階級の教育内容が示されている。指導したのは、今の家庭教師のように学者が要請されて行なったか、一族の中の育ての親の通具が主として行なったかのいずれかであろう。

しかし、『倶舎論』が上流階級一般の教養書であるかどうかははっきりしない。というのは、禅師の母親は八歳の時に亡くなっている。その直後ということを考えると、本人の要請に応えて、一族の中の仏教に詳しい人の助言でこれが与えられたのかもしれない。

後に『正法眼蔵』「供養諸仏」で「仏法は有部《うぶ》すぐれたり」と言っている。大乗仏教が存在の「空《くう》」を説くのに対して、アビダツマ仏教（有部）は、存在を成立させる力としての真理を「有《う》」と説くのである。道元禅師が「供養諸仏」という視点から「仏法は有部すぐれたり」と述べているのを見ると、その仏教の学び方の柔軟さを感じるのであるが、その教養を支えたのが九歳の時に学んだものが下地になっていることは明らかであろう。しかも、そうしたものを与え、指導した人が身近にいたということを見落してはならない。

頭書の言葉は「自分は漢籍を好んで学び、今でも、中国に行って仏道を伝えても、仏教書（内）や一般の書籍（外）を読み、中国の言葉（方言）も使えるようになることまでいずれも大切なことであり、世間的な仕事のためにも尋常でない努力であった。世俗の人々も並のことではないと思ってくれるし、一方では必要なことではあったのですが、今、よくよく考えて見ると仏道を学ぶためには障害になっていたのである。（中略）言葉や文章はどのようであっても考えた通りの道理を、思いを込めて話し言葉のまま（つぶつぶ）書いたとしたら、後の人も文章は整っていないと思っても、道理さえ通じたら仏道のためには重要なことである」というような意味である。「いくら人に教えるためであっても、文章の出来不出来に拘《こだわ》っていたら、拘りを超える仏道には反している」という意味である。

以上の言葉に幼少期・少年期の家庭環境を読み取ることが出来るのである。

4　外見でなく人の徳を見よ——故事を伝える家庭の環境

宇治《うじ》の関白殿《かんぱくどの》、あるとき鼎殿《かなえどの》に到《いた》って火《ひ》を焼《た》く処《ところ》を見《み》る。鼎殿《かなえどの》見《み》て云《いわ》く、何者《なにもの》ぞ、左右《さう》なく御所《ごしょ》の鼎殿《かなえどの》へ入《い》るは、と云《い》っておい出《いだ》されて後《のち》、さきの悪《あ》しき衣服《いふく》を脱《ぬ》ぎ改《あらた》めて、顒々《ぎょうぎょう》として取《と》り装束《しょうぞく》して出給《いでたも》う。時《とき》に前《さき》の鼎殿《かなえどの》、遥《はる》かにみて恐《おそ》れ入《い》ってにげぬ。時《とき》に殿下《でんか》、装束《しょうぞく》を竿《さお》に掛《か》けられて拝《はい》せられけり。人《ひと》、是《これ》を問《と》ふ。答《こた》えて云《いわ》く。我《われ》、人《ひと》に貴《たっと》びらるるも我《わ》が徳《とく》にあらず、ただこの装束《しょうぞく》の故《ゆえ》なりと。

愚《おろ》かなる者《もの》の人《ひと》を貴《たっと》ぶ事《ことかく》是のごとし。経教《きょうぎょう》の文字《もんじとう》等を貴《たっと》ぶ事《こと》もまた是《かく》のごとし。

（『正法眼蔵随聞記』「一・一〇」）

道元禅師の少年期の家庭がどんな雰囲気であり、文化的にどんな風土であるかは後の禅師の思想を理解する上で重要であると思う。

なぜなら、生活禅として台所の炊事、食事、給仕、洗面、洗浄、睡眠、人間関係などをとても丁寧に指導しているからである。後にも触れるが、米を「よね」というべからず、「およね」と申せ、というように説き、トイレの洗浄では、字を書いた紙で尻を拭いてはいけない、などというようなことを書いている。筆者が子供の頃、年寄りから言われたことと同じなのである。

こうしたことを「正法」として道元禅師は語るのである。

もちろん仏教にはお釈迦さま時代以来、仏教僧の生活規律として洗面、洗浄なども形成され、維持されているが、それを生活禅の日常行為の上に丁寧に実践するという文化は、インド・中国の仏教伝統だけで成り立つのではなく、日本の道元禅師の家庭環境にも土壌があるのではないかと想像しているのである。

そういう意味で禅師の家庭の風土に注目したいのである。

ここに取り上げた宇治の関白というのは、藤原道長の子の藤原頼通《よりみち》（九九二〜一〇七四）のことである。この人は、太政大臣をつとめ、宇治の平等院を建てた。

宮中のお湯を沸かすところを「鼎殿」という。そこへ何の用事か一人で見に行ったというのである。普段着であるから、担当者は誰かわからず、無闇に人を入れるべきでないから、相手の名前も用事も聞かず、職務上追い出したのである。

そこで関白殿は関白の衣服を着て改めて、威厳を持って（顒々《ぎょうぎょう》）見に来たのである。すると、担当者は、自分などが応対するのは恐れ多いトップの服装であったし、さきに追い立てた人でもあったから、逃げ出してしまったのである。

すると、関白殿は、その衣服を竿の先に掛けて拝んだというのである。人がそれについて質問すると、私が関白として人から尊敬されるのは、人徳によるのではなく、衣服という外見や地位のためなのだ、と答えたというのである。

この話を取り上げて、道元禅師は言うのである。物の道理がわかっていない人が人を尊敬するのはこんなやり方である。お経を尊重するのも、その心を見ないで形式的神聖性を恐れ、その功徳を当てにしているのではないか、と言っているのである。

中国でも、日本でも、先人の故事故実を大切にし、その人柄に学ぶということは、人間の生きざま・哲学を大切にするということである。

道元禅師の家庭環境はこうしたことを語り伝える文化的風土が豊かだったといえよう。

5　虚襟《きょきん》に非ざれば忠言を入れず――生き方の哲学

俗《ぞく》の帝道《ていどう》の故実《こじつ》を言《い》うに云《いわ》く、虚襟《きょきん》に非《あら》ざれば忠言《ちゅうげん》を入《い》れず、と。言《いうこころ》は、己見《こけん》を存《そん》せずして、忠臣《ちゅうしん》の言《ことば》に随《したが》いて、道理《どうり》に任《まか》せて帝道《ていどう》を行《おこな》うなり。衲子《のっす》の学道《がくどう》の故実《こじつ》も又是《またかく》の如《ごと》くなるべし。若《も》し己見《こけん》を存《そん》せば、師《し》の言葉耳《ことばみみ》に入《い》らざるなり。師《し》の言葉耳《ことばみみ》に入《い》らざれば、師《し》の法《ほう》を得《え》ざるなり。

（『正法眼蔵随聞記』「一・一六」）

世俗で帝王の在り方を説く故実では、虚心でなければ人の忠告は聞こえない、という。その心は、自分流の先入観や自我中心でものを見る見方を捨てて、忠実な臣下の言葉に従い、ものごとの道理にまかせて政治を行なうのである。破れ衣の禅僧（衲子）の学び方の故実も同様である。もし自分流の先入観や自我中心の見方に拘《こだわ》っていたら先生の言葉は耳に入ってこないでしょう。そうすれば、先生の真実を獲得することは出来ないであろう。

こうした言葉は、少年期の勉強で教養として学んだであろう。しかも、単に教養というよりも、政治家の一族として、生き方の規範として、家庭の中で日常的に語られていたのではないだろうか。

そういう教養が、仏道を語る時、自然に出ていたのであろう。特に『正法眼蔵随聞記』は、集まっている弟子たちも少ない時代に、客との対話、弟子たちとの会話を、弟子たちが身近にいて聞いていたものを懐弉《えじょう》が記録したものであるから、気安く語っているだけにこうした教養が自然に語られていたのであろう。

仏教は、無心無我に徹し、澄み清まった心から働く智慧でものを見、聞き、行動することが煩悩と苦しみから解脱する道である。

真実とは真実に共鳴し、それにならなければ、真実は見えてこないのである。インド哲学では「知るということはなることである」という。

無心でなければ無心と出会うことは出来ないのである。

それを「虚襟」という俗諺を取り上げて語っているところに、（当時、囲炉裏《いろり》はなかったであろうが）囲炉裏端の道元禅師を見る思いがする。

6　人の非を責めるな――日本人的人生訓

伝《つた》え聞《き》きき。実否《じっぴ》は知《し》らざれども、故《こ》持明院《じみょういん》の中納言《ちゅうなごん》入道《にゅうどう》、ある時《とき》秘蔵《ひぞう》の太刀《たち》をぬすまれたりけるに、さぶらひ（侍）の中に犯人《ぼんにん》有《あ》りけるを、余《よ》のさぶらひ沙汰《さた》（詮議）し出《いだ》してまいらせたりしに、入道《にゅうどう》の云《いわ》く、是《これ》は我《わ》が太刀《たち》にあらず、ひが事《ごと》（間違い）なり、とてかえしたり。決定《けつじょう》その太刀《たち》なれども、さぶらひの恥辱《ちじょく》を思《おも》うてかえされたりと、人皆《ひとみな》これを知《し》りたれども、その時《とき》は、無為《むい》にして過《す》ぎし。故《ゆえ》に子孫《しそん》も繁昌《はんじょう》せり。

俗《ぞく》なお心《こころ》あるは是《かく》のごとし。況《いわん》や出家人《しゅっけにん》、必《かなら》ず此《この》心《こころ》有《ある》べし。

出家人《しゅっけにん》は財物《ざいもつ》なければ智慧功徳《ちえくどく》をもて宝《たから》とす。他《た》の無道心《むどうしん》なるひが事《ごと》なんどを、直《じき》に面《おも》てにあらはし、非《ひ》におとすべからず。方便《ほうべん》を以《もっ》て、かれ腹立《はらた》つまじき様《よう》に云《いう》べき也《なり》。暴悪《ぼうあく》なるはその法久《ほうひさ》しからずと云《い》う。たとひ法《ほう》をもて呵責《かしゃく》すれども、あらき言《こと》ばなるは、法《ほう》も久《ひさ》しからざる也《なり》。小人《しょうにん》と云《いう》は、いささか人《ひと》のあらき言《こと》ばに即《すなわ》ち腹立《ふくりゅう》して、恥辱《ちじょく》を思《おも》うなり。

（『正法眼蔵随聞記』「五・一六」）

少し長いが、読んだ通りの話である。持明院の中納言というのは、一条基家《もといえ》（一一三二～一二一四）で、晩年に出家入道して、その法号を持明院と言ったのである。侍《さむらい》というのは、公家《くげ》につかえる武士のことであり、この階級から武家が自立して行ったのである。伝聞で確かなことはわからないが、基家があるとき刀を盗まれた。他の侍が詮議して家の侍の中にいた犯人を探し出したところ、基家は「これは私の刀ではない、間違いだ」と言って返したという。確かにその刀なのに、侍の恥を思って返したのである。家人もそれはわかっていたけれども、その時は皆、黙っていた。そんな風だから、子孫も繁栄したのである。
世間の人でさえこのようである。ましてや僧侶はこの心を持つべきである。僧侶は金品宝物を持っていないから、智慧と功徳を宝としているのである。他人の道心の無い人の間違いなどをすぐに顔に表わして過《あやま》ちだと決め付けてはいけない。手立てを巡らして彼が腹を立てないように言いなさい。粗暴だとその教えはつづかないというではないですか。たとえ規律に従って叱責しても、荒い言葉だと規律も長つづきしない。根性の小さな人物は、人の少しばかりの荒っぽい言葉でもすぐに腹を立て、恥をかかされたと思うものである。

何とも親切で、人生の機微を捉えた語りである。もちろん『正法眼蔵随聞記』は道元禅師自身の文章ではない。二歳年上の弟子懐弉《えじょう》が聞いたことをひそかに手控えとして記録したものである。しかし、語り口はそんなに違ってはいまい。

しかもおもしろいことには、道元禅師が正面切って仏法を語る時に「家の繁昌」などということに触れることは滅多に無いが、ここでは「家の繁昌」と言っている。少人数の僧たちとお茶飲み話的に話しているのかもしれない。
そして当時の人々の人生訓、家庭訓がこういう性質のものだったということがわかって、日本的精神が生活感としてにじみ出ているように思う。こういう道元禅師には何とも親しみを感じるのである。

7　無常によりて道心を発こす――出家

我《われ》、初《はじ》めてまさに無常《むじょう》によりて聊《いささ》か道心《どうしん》を発《おこ》し、あまねく諸方《しょほう》をとぶらひ、終《つい》に山門《さんもん》を辞《じ》して学道《がくどう》を修《しゅ》せしに、建仁寺《けんにんじ》に寓《ぐう》せしに、中間《ちゅうげん》に正師《しょうし》にあはず、善友《ぜんゆう》なきによりて、迷《まよい》て邪念《じゃねん》をおこしき。

（中略）

ふるく云《いわ》く。誇《ほこ》りて上賢《じょうけん》にひとしからんと思《おも》ふことなかれ。いやしうして下賤《げせん》にひとしからんと思《おも》うことなかれと云《いう》は、倶《とも》に慢心《まんしん》なり。

高《たこ》うしても下《さが》らんことをわするることなかれ。安《やす》んじてもあやふからんことを忘《わす》るること莫《なか》し。今日存《こんにちそん》すれども、明日《みょうにち》もと思《おも》うことなかれ。死《し》に至《いた》りあやうきこと、脚下《きゃつか》に有《あ》り。

（『正法眼蔵随聞記』「五・八」）

道元禅師は無常を観じていささか道心をおこして出家したと言っている。

父親の久我通親公は禅師が三歳の時に亡くなっている。そして、八歳になった承元元年（一二〇七）に母親伊子が逝去している。『建撕記』では「このとき悲母《ひぼ》の葬《そう》に逢《あ》いて香火《こうげ》の烟《けむり》を観《かん》じて、ひそかに世間《せけん》の無常《むじょう》を悟《さと》りたまいて深《ふか》く求法《ぐほう》の大願《だいがん》をたて給《た》もう」と書いている。

母伊子の葬儀は、久我家の菩提寺である「高雄寺《たかおじ》」で行なわれたということが、道元禅師下四世の瑩山紹瑾《けいざんじょうきん》禅師（一二六八〜一三二五、能登総持寺禅宗開山）の書いた『伝光録』「道元章」に出ている。高雄寺というのは神護寺であろうという。確証はないが、神護寺の文書《もんじょ》に「神護寺の文覚《もんがく》が久我通親の陰謀で佐渡に配流された」とあるという。文覚上人は源頼朝に挙兵を促した人である。

この葬儀が禅師の心を動かしたが、建撕和尚の説では、出家は母の遺言だともいう。

そして、松殿家では禅師を養子にして家の将来を託し「国の切要を教え…以て朝家の要臣とせんと思いて、元服せしめんとする日、師自ら思えり、是れ我が望む処に非ず、出家学道すべし」と決心して、十三歳の建暦二年春の夜に、木幡の松殿山荘に行き、そこから比叡山麓にいる母方の叔父良顕という法眼《ほうげん》を訪ねて出家を願い出る。『伝光録』では「良観」としているが、『建撕記』では「良顕」としている。

こうした記録で見ると、母の死による無常観を因として、政治家にしようとする一族の動きを縁として、出家の意志が固まったということになる。

さきにも触れたが、この時代の仏教の中心思潮は末法思想である。それなのに道元禅師にはそれが全くなく、それに当たる人間観は「無常観」である。しかも詠嘆としての無常観ではなく、道元禅師のそれは「人は死ぬ」という厳粛な事実・真実を直視するものである。それはお釈迦さま以来の仏教の原点にいつでも立っていることである。

さて、ここに掲げた文章は、かなり長い語りの一部である。

私は、最初は無常によって少しばかり道を求める心を起こしました。そしていろいろな先生を訪ね歩いて、究極的に天台宗の比叡山を降りて建仁寺の栄西禅師のところにとどまった。しかし、その中間では本物の先生、本物の友人に会わなかったので、迷って間違った心を起こしました。

というのである。その間違いとは、名僧に肩を並べようという背伸びがあったし、先輩たちもそのように励ましたのです。しかし、中国の優れた僧の伝記を見ると違っていました、というのである。

そして、昔の人も言うではありませんか。自惚《うぬぼ》れて昔の賢者に並ぼうとか、卑下《ひげ》して無自覚で恥を知らない人と一緒になろうなどと思ってはなりません、と。これは、どちらも（仏教の煩悩で説く）慢心なのです。高い立場にいても、へりくだる心を忘れてはなりません。どんなに平安な暮らしになっても命と運命の危ないことを忘れてはいけません。今日生きているからと言って明日も大丈夫と思ってはいけません。死の危険は足元にあるです。

道元禅師は、母に死別した時の無常観で出家したが、それはやがて、仏教の正当な無常観にまで高められ深化していったことがわかるのである。

8　道者の行は善悪ともに思惑あり——比叡山の修学

道者《どうじゃ》の行《ぎょう》は、善悪《ぜんあく》ともに皆《みな》おもはくあり。人《ひと》のはかる処《ところ》に非《あら》ず。昔《むかし》、恵心僧都《えしんそうず》、一日庭前《いちにちていぜん》に草《くさ》を食《しょく》する鹿《しか》を、人《ひと》をして打《う》ちおはしむ。時《とき》に人《ひと》あり、問《と》うて云《いわ》く。「師《し》、慈悲《じひ》なきに似《に》たり。草《くさ》を惜《お》しんで畜生《ちくしょう》を悩《なや》ます」。僧都《そうず》云《いわ》く。「我《われ》もしこれを打《う》たずんば、この鹿《しか》、人《ひと》に馴《な》れて悪人《あくにん》に近《ちか》づかん時《とき》、必《かなら》ず殺《ころ》されん。この故《ゆえ》に打《う》つ也《なり》」。鹿《しか》を打《う》つは慈悲《じひ》なきに似《に》たれども、内心《ないしん》の道理《どうり》、慈悲《じひ》余《あ》まれること是《かく》の如《ごと》し。

（『正法眼蔵随聞記』「一・九」）

道元禅師は比叡山時代のことについて一切語っていない。ここに取り上げたのは比叡山の横川《よかわ》恵心院《えしんいん》に住んだ源信僧都《げんしんそうず》（九四二〜一〇一七）について語っているものである。恵心僧都は念仏を大成した元三大師《がんざんだいし》良源《りょうげん》の弟子で、死に方や地獄について書いた『往《おう》生要集《じょうようしゅう》』をまとめ、死を看取る念仏結社「横川首楞厳院《しゅりょうごんいん》二十五三昧講《ざんまいこう》」をつくった人である。

この逸話は、比叡山時代に聞いたか、在家時代に聞いたかわからないが、叡山にいた素晴しい人間像について敬意を込めて語っている。「道者の行は、善悪ともに皆おもはくあり。人のはかる処に非ず」ということが趣旨である。そして、野生動物と人間の共存についての遠慮深謀を語っている。

ところで、道元禅師が比叡山に上ったのは十三歳であった。叔父の良顕（良観）法眼は少年道元と久我家・松殿家の板挟みになり相当苦労したであろう。しかし、結局は道元の志の篤さに回りが折れ、共鳴したのであろう、終に出家を許されたのである。

良顕（良観）は横川の首楞厳院般若谷の千光房という寺に道元少年を送る。翌年十四歳の四月九日に天台座主《ざす》になったばかりの公円僧正について剃髪し、翌日、戒壇院で菩薩戒を受けて僧侶になった。

当時の上流社会の出家は、単身で僧侶になるのではなく、家の子郎党数人が一緒に出家させられて僧形になり、お坊ちゃまの生活全般の世話をやくのが一般的であったらしい。その形ばかり僧形の人たちが弁慶のような僧兵である。従って比叡山には大きく分けて学僧と、堂衆といわれる儀式や行を主とする僧侶と、僧兵のような人たちとがいたようである。道元禅師もそんな人を伴って比叡山に入ったのではないだろうか。

後に中国で、台所の主任（典座《てんぞ》）と会って、労働は貴い修行であると聞いた時の驚きを考え合わせると、比叡山における当時の修行は学問中心であって、後の禅の修行とは全く違っていたと考えていいであろう。

横川の首楞厳院は恵心僧都の住んでいたところである。今でも恵心堂がある。横川は奥比叡であり根本中堂のある東塔からは馬の背道を歩いて一時間はかかると思う。現在は横川中堂と四季講堂と行院と宝物殿が中心をなしている。その横川の首楞厳院一帯はかなり有力な縁故のある学僧のみ許されたところであるといわれている。

それから、天台の基本教学を学び、『一切経』を読み、『天台止観』を学んだという。止観というのは天台の坐禅である。公円僧正はその年の内に引退している。

しかし、今から五十年ほど前に天台宗の硲慈光《はざまじこう》という方が、当時の天台総学頭《そうがくちょう》の「宝《ほっ》智房証真《ちぼうしょうしん》」という人の論文と、道元禅師の『正法眼蔵』に説くところが同じである、と指摘したことから、宝智房証真の教えを受けていたのではないかという説がでてきた。この人は正統天台の学僧で東塔に住み、『法華玄義』『法華文句』の私記二十巻を書き、源平の戦いも知らなかったという。この証真の死の直後に道元禅師は比叡山を降りているから、なおさら証真とのつながりがあったであろうと推測されている。

9 本来仏ならなぜ修行するか——悟りの根源を問う

本来本法性《ほんらいほんぽっしょう》、天然自性身《てんねんじしょうしん》。……ならば諸仏《しょぶつ》なんとしてか更《さら》に発心《ほっしん》し(阿耨多羅三《あのくたらさん》

藐《みゃく》）三菩提《さんぼだい》を修《しゅぎょう》行するや。

（『建撕記』）

これは、道元禅師が直接書いた文章ではない。建撕《けんぜい》和尚の記録に出てくる言葉である。建保二年（一二一四）十五歳の道元禅師は、悟りと修行の関係に大きな疑問をもったという。もっとも道元禅師だけが優れていたから一人、特別に気がついたというわけではないようである。天台関係の人の話では、この当時すでに、悟りと修行などについての問題点はいくつも指摘されていたというから、そういう疑問にまで至るような深い学問を指導するだけの学僧がいたということであろう。

この言葉の趣旨はこうである。

存在とは本来真理そのものであり、あるがままが仏の命である。それならばなぜ多くの仏たちはわざわざ発心して悟りを修行するのだろうか。

これは人間にとって救いは可能なのか、人間が悟りと出会うということは可能なのか、というような人間観への根源的な問い掛けなのである。

この疑問をもった道元禅師は、十五歳の時、三井寺の公胤僧正を訪ねたという。三井寺との縁は、さきの母方の叔父の良顕（良観）は三井寺園城寺《おんじょうじ》の長吏《ちょうり》をつとめている。さらに公胤は松殿家の縁戚であり、基房が仏事を修したときの導師をつとめているという。

また公胤という人は法然上人の念仏門を非難し、後に法然上人に会って自説の過《あやま》ちに気が付いて訂正し、法然上人の教えに従い、一二一二年に法然上人が亡くなるとその七七日忌の導師をつとめているという。そして一二一六年に亡くなっている。

天台宗は、最澄の弟子の円仁（第三世、七九四〜八六四）の系統の学派と、円珍（第五世、八一四〜八九一）の系統の学派との対立がこの頃から激しくなり、山門派（比叡山）、寺門派（三井寺）と争うようになっていた。

人間という煩悩に汚れたものが、無心無我という清らかな仏の悟りと出会うということは可能だろうか。

人間の煩悩は長いこと努力してはらい清めて初めて悟りに至る、と考える人間観は努力主義である。それでは努力できる人だけが救われる。これは今の日本の競争社会と同じ考え方で、努力した人、優秀な人だけがよい目に会う権利があるということになる。

これに異を唱えた人たちがいた。もし人間と悟りが元から別物だったら、違う性質のものが出会うということは矛盾になる。人間は自我・煩悩によって覆われている。しかし、本来仏の悟った縁起・無常・無我・空《くう》という真理の中にいる。だから、悪や煩悩に気が付きうるのである。悟りとは汚れた人間が本来の清らかさに立ち戻ることである、と主張したのである。本来清らかならばすべての人は平等に救いに乗せて行けるから自分たちを大乗仏教といい、努力主義の仏教を小乗と言ったのである。

その大乗仏教では、本来、誰にも備わっているのは悟りの智慧であるが、努力に従って漸々《ぜんぜん》に身に付いてくるという立場を「始覚」といい、真理は本来的に一切に充満して、すべてのものごとを成立させているが、ものごと・人間という現実は、存在の諸条件に汚れて初めて成り立つのだから、現実を大切にして、そこで空の悟りを信じて、一致したらただちに仏だという主張を「本覚」と言った。

人間が悟りに出会うということは本質を信じることか、努力なのか、信じられるのか。

道元禅師の質問はまさにこのことだったのである。

10　修せざるには得ることなし――禅の門をたたく

この法《ほう》は人々《ひとびと》の分上《ぶんじょう》にゆたかにそなはれりといへども、いまだ修《しゅ》せざるにはあらはれず、証《しょう》せざるにはうることなし。

（『正法眼蔵』「弁道話」）

三井寺の公胤僧正は、その疑問は天台の基本に関わるものであり、答えの理論的秘訣はある。しかし、修行と悟りの関係についての君の疑問には答えになるまい。なぜなら信じ実践し、自分がそれになってこそ真の答えであるから、理論は答えにならない。従って達《だる》磨大師《まだいし》が伝えた禅宗という実践宗教を近頃、建仁寺の栄西という人が日本に伝えた。そこに尋ねるか、ないしは中国に行って尋ねれば本当の答えが得られるであろう、と指導した。

公胤という僧正はかなり頭の柔軟な人だったということがわかる。また、当時の仏教界がそれほど真剣に救済についての答えを求めていたということであろう。

源平の争いに象徴されるように、中央政権の荘園主の官僚が支配する荘園制から、在地武士の地頭が徴税・管理権を獲得する封建制への移行期の熾烈《しれつ》な争いと、自然災害の連続の中で、人間の救いを心底求めた時代背景がこのように柔軟な人を生み出していたのかもしれない。

こうして、十五歳の道元禅師は、建仁寺の栄西禅師に出会ったという。しかし、栄西禅師は翌年七十五歳で没している。

恐らく、比叡山から鴨川べりの六波羅蜜寺近くの建仁寺へ何回か訪ねたのであろう。

建保五年秋八月二十五日に十八歳でついに比叡山を降り、建仁寺の禅宗教団に身を投じたのである。さきの「なぜ修行するのか」という、悟りと修行の関係について、禅によって得た答えが表題に掲げた言葉である。

仏の悟りであるところの、煩悩からの解脱・涅槃の世界（この法）は、人々のその人なりの命の上（分上）に満ち備わっているが、それを実践しなければ実現はしないし、体と行為で証明しなければ私のものにはならない、というような意味である。

この「弁道話」は道元禅師が三十二歳の時に書いたものである。禅の立場や伝統、その教えの基本を述べて、更に質問を十八設けて回答する形で禅への疑問を晴らして行くという構成のものである。その三番目の問答には、

それ修証《しゅしょう》はひとつにあらずとおもえる、すなはち外道《げどう》の見《けん》なり。仏法《ぶっぽう》には修証《しゅしょう》これ一等《いっとう》なり。いまも証上《しょうじょう》の修《しゅ》なるがゆえに、初心《しょしん》の弁道《べんどう》すなはち本証《ほんしょう》の全体《ぜんたい》なり。

と言っている。

修行を手段と見、悟り（証）を目的と見るとこれは二つが別物になってしまう。勉強と就職が手段と目的になり、スポーツの練習と勝つことが手段と目的になると、二つは分裂して、負けたら練習の意味がなくなってしまう。これは努力主義の弊害である。

学ぶこと自体、スポーツを楽しむこと自体が目的であり、目的と手段は一体なのである。その楽しみ方、たしかめかたの一つに試合があり、就職があるのである。

喜び（証）の上で、それを確かめる実践（修）なのであるから、それを学び始めた時も

真実の全体が丸出しなのである。

このような意味になる。現実のそれぞれの生き方の上で、銘々《めいめい》が仏の悟りを実証していく生き方こそ真の救いであるという答えに行き着いたのである。

11　地獄に落ちても人を救う――禅僧の生きざま

故僧正建仁寺《こそうじょうけんにんじ》に御《おわ》せし時《とき》、独《ひとり》の貧人《びんにん》来《きたり》て道《いっ》て云《いわく》。「我《わ》が家《いえ》、貧《ひん》にして絶煙《ぜつえん》数日《すじつ》に及《およ》ぶ。夫婦子息両三人《ふうぶしそくりょうさんにん》、餓死《がし》しなんとす。慈悲《じひ》をもて是《これ》を救《すく》ひ給《たま》へ」と云《いう》。其時《そのとき》、房《ぼう》中《ちゅう》に都《すべ》て衣食《えじき》・財物等無《ざいもつとうなか》りき。思慮《しりょ》をめぐらすに計略尽《けいりゃくつき》ぬ。時《とき》に薬師《やくし》の仏像《ぶつぞう》を造《つく》らんとて、光《ひかり》の料《りょう》に打《うち》のべたる銅《あかがね》少分《しょうぶん》ありき。之《これ》を取《と》りて、自《みずか》ら打《う》ち折《おり》て、束《つか》ね円《まろ》めて彼《か》の貧客《ひんきゃく》に与《あた》へて云《いわく》。「是《これ》を以《もっ》て食物《しょくもつ》をかへて、飢《うえ》を塞《ふさ》ぐべし」と。彼《か》の俗悦《ぞくよろこん》で退出《まかりいで》ぬ。

門弟子等《もんでしとう》、難《なん》じて云《いわ》く。正《まさし》く是仏像《これぶつぞう》の光也《ひかりなり》。以《もっ》て俗人《ぞくじん》に与《あと》ふ。仏物己用《ぶつもつこよう》の罪《つみ》如何《いかん》。

僧正《そうじょう》答《こた》えて云《いわく》。実《まこと》に然也《しかるなり》。但仏意《ただぶっち》を思《おも》うに、身肉手足《しんにくしゅそく》をも分《わか》ちて衆生《しゅじょう》に施《ほどこ》すべし。現《げん》に餓死《がし》すべき衆生《しゅじょう》には、直饒全体《たといぜんたい》を以《もっ》て与《あと》ふとも、仏意《ぶっち》に叶《かな》ふべし。又我此《またわれこ》の罪《つみ》に依《より》て縦《たと》ひ悪趣《あくしゅ》に堕《だ》すべくとも、只衆生《ただしゅじょう》の餓《うえ》を救《すく》うべし云云《うんぬん》と。

（『正法眼蔵随聞記』「三・一二」）

道元禅師は十八歳の八月に建仁寺に入った。すでに栄西禅師は入滅し、その後の建仁寺の住持は仏樹房明全《ぶつじゅぼうみょうぜん》和尚（一一八四〜一二二五）であった。比叡山の首楞厳院や奈良で戒律を学び東大寺で戒律を受けている。後に道元禅師は、明全和尚と中国に渡り天童寺で共に学ぶが、明全さまはその地で病を得て亡くなってしまうために、その遺骨を抱いて帰ってくることになる。

さて、栄西《えいさい》禅師は「ようさい」という呼び方もある。千光大師葉上房明庵栄西《ようじょうぼうみょうあんえいさい》（一一四一〜一二一五）という。備中の国（岡山県）の出身で、比叡山で天台学を学び、密教も学び、宋（中国）に留学し、帰国後、再び入宋し、虚庵懐敞《こあんえしょう》について臨済宗黄龍派《おうりょうは》の禅を伝えて一一九一年に帰国し、博多に聖福寺《しょうふくじ》を開き、禅宗停止《ちょうじ》の宣旨《せんじ》によって東《あずま》に下《くだ》り、北条政子の請で鎌倉に寿福寺を開き、建仁二年に源頼家《よりいえ》により京都に建仁寺を開いた。その間に法勝寺の九重塔の復興、東大寺の復興のための大勧進《だいかんじん》を勧めている。

お茶の種を伝え、これを譲り受けた栂尾《とがのお》高山寺の明恵《みょうえ》上人が蒔《ま》いて発芽に成功し、その苗を宇治に移したのが日本のお茶の始まりであり、栄西禅師は『喫茶養生記《きっさようじょうき》』を書いて、お茶による健康増進を進めた人でもあった。

因みに、この後、臨済宗は、楊岐派《ようぎは》の禅師が大勢中国から来朝して盛んになり、栄西禅師の黄龍派は今日では残っていない。

さて、道元禅師は建仁寺に入り、明全和尚の下で二十四歳まで六年間修行することになる。その間の修行や暮らし方、出来事などについて、例によって仏道に関わること以外は語っていない。その中で、栄西禅師の事蹟については語っている。もちろん、栄西禅師は、道元禅師が十五歳で面会した翌年に亡くなっているから、栄西禅師の行実をじかに見たというわけではないであろう。恐らく、建仁寺の僧たちの間で語り伝えられていたことなのであろう。

中でも宗教と現実世界との緊迫した関係の出来事がここに取り上げた事件である。十二世紀、十三世紀にかけては、気候が寒冷期で天災が繰り返されていた。日本列島は関東が豊作の時は関西が、関西が温順な時は関東、東北が不作であったという。

建仁寺創建の一二〇二年から亡くなる一二一五年までの十四年間のことであろう。一二〇五年には京都に大風が吹いて、町の人は栄西の禅みたいな新奇な宗教のせいだと言ったというからこの頃のことであろうか。

食べ物がなくて夫婦と子供の二、三人が共に飢え死にしそうだといって助けを求めてきた人に、薬師如来《やくしにょらい》像の光背《こうはい》をつくるために買ってあった銅を折ってスクラップにして与えた。それについて、弟子の一人が、仏の世界に所属する物を、人間の感情で利用するのは「仏物己用《ぶつもつこよう》」であろうと指摘する。すると栄西は、「仏の心は自分の手足を切っても困っている人を救うであろう。ましてや今まさに飢え死にしそうな人のためなら全身でも布施するであろうから、この貧しい人を救うのは仏の心である。しかし、そうは言っても、人間的感情におぼれて自分判断で仏を侵害する私は罪が深く、地獄（悪趣）に落ちるかもしれない。しかし、今、緊急に必要なことは目の前の死にそうな人をすくうことである」と言う。

二つの真実が衝突した時、手近な方を優先せよ、それによってもう一つの真実を犠牲にする責任は背負って行こう。その生き方に悟りの確かめがあると言っているのである。

12　空の生き方——栄西禅師の人柄

各々《おのおの》一期《いちご》の命分《みょうぶん》具足《ぐそく》す、奔走《ほんそう》することなかれ。

（『正法眼蔵随聞記』「三・九」）

『正法眼蔵随聞記』を記録したのは、懐弉《えじょう》が入門した年から数年間である。宇治に興聖寺を開き、日本で初めての本格的僧堂（坐禅堂）の勧進を勧めて、建立し、落成するという時期である。その頃に道元禅師の周りにいた修行僧は、宋（中国）から道元禅師を追いかけてきた寂円、鳥取から追いかけてきて入門した若い尼僧の了然《りょうねん》、禅師より二一歳年上の懐弉などはわかっている。後に入門する義介等のグループはすでに弟子になっているがまだ入門していないので『正法眼蔵随聞記』の対話を聞いていたかどうかはわからない。

ある夜、道元禅師はこんな話をしたという。

故栄西僧正はこう言いました。あなた方の生活費・生活物資は私から貰っていると思ってはいけません。それらは神仏（諸天）が供養してくれているものなのです。私はその取り次ぎ人に過ぎません。人はそれぞれ一生涯の命の福分というものを持っています。だから走り回って稼ごうと慌ててはいけません。こういう言葉をいつでも進めていました。これは素晴しい言葉です、というような話が語られている。

これは天地の恵み、大自然の恩恵、神仏の計らいと言っていいでしょう。人間的計らいで「貰う」「稼ぎ取る」というように考えると自己中心になってしまう、と言うのである。

また『正法眼蔵随聞記』「一・十四」では、こんな話も紹介している。

栄西禅師の建仁寺で、食べ物がなくなってしまった。たまたまある施主が僧正を招いて絹一匹（二反）を布施した。僧正はうれしそうに、お供にも持たせないで自分で持ってきて、寺の役員に渡して、これで明日の朝のお粥《かゆ》にしなさい、と言った。

ところが、縁のある在家の人がきて、恥ずかしいことだが、急に絹二、三疋《びき》入用になったので、もしあったら少しでもいいから貸してくれないか、と頼んできた。

僧正は、さっきの絹を取り返してこの人にやってしまった。修行僧たちは疑問に思った。そこで後で僧正はこう言った。「皆さんは、私の行為は間違いだと思ったでしょう。しかし、ここにいる人たちは悟りを求めて世間を捨てたのです。一日食べなくて飢え死にしても大したことではない。世間の人間はやりくりで事欠いたら大変なことになる。一日食べなくても、その苦労を助けるなら、その利益は素晴しいものです」と言った。「これが道者の配慮というものです」と。

また、こんな話も伝えている。ある弟子が、「建仁寺は鴨川の河原で水害の心配があるから、安全なところに移転したらどうだろうか」と申し上げた。すると、「後世の心配より、今、一生懸命に修行することこそ大きな功徳であろう。お釈迦さまの祇園精舎も今は廃墟ではありませんか」と言った。寺院の建立は将来のことを考えるべきだが、その中にあってもこの心を忘れてはなるまい。（『正法眼蔵随聞記』「三・三」）

栄西禅師についてこんなことも紹介している。

栄西禅師が亡くなった後、その伝記を源顕兼《はるかね》中納言入道に依頼した時、この人は辞退しようとしてこう言った。「儒教の学者に頼むのがいいでしょう。儒学者は学問に命を懸けているから書いたものに間違いがない。私たちは世間の付き合いのあい間に学問をするから、書いたものに間違いが起こる」と言った。（『正法眼蔵随聞記』「三・七」）

13　信は道元功徳の母——遁世と信

仏道《ぶつどう》を修行《しゅぎょう》するものは、先《ま》ずすべからく仏道《ぶつどう》を信《しん》ずべし。仏道《ぶつどう》を信《しん》ずるものは、すべからく自己本道中《じこもとどうちゅう》に在《あ》って、迷惑《めいわく》せず、妄想《もうそう》せず、顚到《てんどう》せず、増減《ぞうげん》なく、誤謬無《ごびゅうな》しということを信《しん》ずべし。

（『学道用心集《がくどうようじんしゅう》』（原漢文））

比叡山を捨てて、建仁寺の禅宗教団に入ったということは、朝廷（国家）公認の僧侶をやめたということである。

中世の仏教の特徴は、遁世、民衆救済、勧進の三つであるという研究者がいる。

奈良仏教・平安仏教の大寺は、国から公認され、国の平安を祈ることを中心にした仏教であった。従って衣の色も国の官職に倣《なら》うようになった。国のためであるから民衆救済は度がすぎると公に反することがある。また、国の儀礼は穢れを嫌うから葬儀、女人済度、あらゆる階層の人への接近はしない。

それに対して、平安中期から出てきた「聖《ひじり》」といわれ、「私度僧《しどそう》」といわれる人たちは、葬儀や民衆救済を考えるようになる。中世になると公認僧侶から主体的にドロップ・アウトして「貴賤をえらばず」民衆救済をする高僧が出てきたのである。

遁世とは公認僧侶・国家の僧侶をやめることである。それは服装的には官職のような法衣をやめることで、黒衣になることである。従って、禅宗教団はこの遁世・黒衣僧団なのである。もちろん法然、親鸞も遁世僧である。

国家の規定から自由になったから、女人救済や、真言律・西大寺の叡尊・忍性菩薩のように病人救済も出来たのであり、後に民衆の葬祭にも関わることが出来たのである。

その民衆へ働きかける力が国家から期待されて「大勧進」という大役を任された高僧が出てくる。

それが栄西禅師である。栄西禅師は、中国でも万年山の山門や、天童山の千仏閣の修築をして建築の知識と実績があったことと、民衆に働きかけることが出来た徳の高い僧だったからである。つまり遁世、民衆救済、勧進とは、国家仏教の枠を破ることだったのであり、朝廷もその徳に期待したのである。

禅宗とは偉大なる遁世であり、国家仏教への反旗であった。

道元禅師の僧名は「仏法房道元」である。恐らく、比叡山で出家《しゅっけ》得度《とくど》を受けた時に貰ったのであろう。しかし、すでにこの名前に道元禅師の禅の在り方が予兆されていたのかもしれない。

「信は道元功徳《くどく》の母たり、一切諸《もろもろ》の善法《ぜんぽう》を生ず」という『大方広仏華厳《だいほうこうぶつけごん》経賢首菩薩品《きょうけんすぼさつぼん》』

「第八」の言葉から取られたのであろうといわれているが、存在の本質としての仏性を信ずるということは、国家の体制のために祈る仏教ではなく、人間個人の生きていること自体の真実を、仏の悟った真理そのものとしてうけがうことである。

仏道を修行するものは、先ずすべからく仏道を信ずべし。仏道を信ずるものは、すべからく自己本道中に在って、迷惑せず、妄想せず、顛到せず、増減なく、誤謬無しということを信ずべし。

自己の命と心は本来「仏性」という真実の中にあるから、迷い以前であり、先入観念以前であり、煩悩で見る以前であるということを信ずることだと道元禅師は言う。

法然・親鸞・道元・日蓮が「信」を主張したこと自体が遁世、民衆救済の表明だったのである。

14　孝と大義と・一向に思い切る——明全和尚の人柄

先師《せんし》全和尚《ぜんおしょう》入宋《にっそう》せんとせし時《とき》、本師《ほんし》叡山《えいざん》の明融阿闍梨《みょうゆうあじゃり》、重病《じゅうびょう》に沈《しず》み、すでに死《し》なんとす。その時《とき》、この師云《しいわく》。「我既《われすで》に老病《ろうびょう》に沈《しず》み、死去《しきょ》せんとする事近《ことちか》にあり。汝《なん》ぢ一《いち》人老病《にんろうびょう》をたすけて、冥路《よみじ》をとぶらふべし。今度《このたび》の入唐暫《にっとうしばら》く止《とどまり》て、死去《しきょ》の後《のち》、其本意《そのほんい》をとげらるべし」

（中略）

たとひ又渡海《またとかい》の間《あいだ》に死《しに》て、本意《ほんい》をとげずとも求法《ぐほう》の志《こころ》をもて死《し》せば、玄弉三蔵《げんじょうさんぞう》のあとをも思《おも》ふべし。……よて今度《このたび》の入唐一向《にっとういっこう》に思《おも》ひきりおはりぬ」とて、終《つい》に入宋《にっそう》しき。

（中略）

利他《りた》の行《ぎょう》も自行《じぎょう》の道《みち》も、劣《れつ》なるをすてて、すぐれたるを取《と》るは大士《だいし》の善行《ぜんぎょう》なり。

（『正法眼蔵随聞記』「六・一五」）

道元禅師と明全和尚は中国に渡って本格的に禅を学ぼうと志していた。おそらく出国の申請、入国の手続き、船便、博多までの道中の手配、金銭の手配、留守中の手配など相当な手数と、大勢の人の協力が必要だったはずである。特に経済的援助は縁故者を頼ったであろう。一緒に行った人の中には、瀬戸焼きを伝える人、薬を伝える人などがいた。この人たちは偶然に一緒になったのかもしれないが、案外、経済的援助者の関係者と考えられなくもあるまい。

渡宋の出発は貞応二年（一二二三）、道元禅師二十四歳の二月である。その間際になって明全和尚の師である比叡山の明融阿闍梨《みょうゆうあじゃり》が歳を取り病気になって、自分の死を看取って、後生を弔ってから中国に行ってほしいと言い出したのである。

そこで明全和尚は建仁寺の仲間に計ったのである。

自分は出家してからこの師に育てられ、学問も指導され、今日中国に行くほどまでに仏教をわからせていただいた。それは大恩である。その人が余命まもない中で敢て頼むのであるから、背けない。しかし、迷いの人々のため、真実の法のために、師に背いても中国に行くということはどうだろうか、と問い掛ける。

多くの人は、今年は取りやめた方がいい、来年に延期すれば、恩にも背かず、志も実現できる、と申し上げた。

そこで道元禅師は末席から、仏道の悟りがこの程度でよいと思うなら取りやめもいいでしょう、と申し上げた。すると明全和尚は、その通りだ。悟りもここまでくれば、このまま修行していけば、煩悩の解脱は得るに違いない、と言われた。

こうして皆の議論が終わると、明全さまは言われた。

皆さんは大方取りやめの意見である。しかし、私の考えは違う。例え一時看病しても、苦痛はとめられないし、死はとめられない。師の願いを聞いても仮初《かりそめ》の安心にすぎない。かえって執着・煩悩の罪を種蒔いている。

入宋は一人の迷いに背いても大勢の救いの縁となるに違いない。それこそ師の恩に報いる道である。たとい、途中で死んでも求道の志をもって死んだら（その願は死なないであろう）、玄奘三蔵法師の跡形を思いたまえ、と言った後に「よて今度の入唐一向に思ひきりおはりぬ」と言って渡宋の決心をしたのである。

これは「孝」と「大義」とが対立・衝突した時、心底人々に回向しようという大願ならば、一見「孝」に背いても、真実は「報恩」になるという信念を語っている。

この話を聞いた懐奘《えじょう》が道元禅師に質問するのである。「確かに、そうに違いないが、菩薩行は、私を後にして人のためにすることではないか」と。それに対して道元禅師は、「利他の行も自行の道も、劣《れつ》なるをすてて、すぐれたるを取るは大士《だいし》の善行《ぜんぎょう》なり」と言ったのである。自利と利他がどちらも真実で、対立したら大なる方を取れというのである。

15　海は丸いだけではない――海を渡る

嘉定《かてい》十六年《ねん》 癸未《みずのとひつじ》 四月《がつ》のなかに、はじめて大宋《だいそう》の諸山諸寺《しょざんしょじ》をみる…。

(『正法眼蔵』「洗面」)

たとへば船《ふね》にのりて、山《やま》なき海中《かいちゅう》にいでて四方《よも》をみるに、ただまろにのみみゆ、さらにことなる相《そう》みゆることなし。……ただわがまなこのおよぶところ、しばらくまろにみゆるのみなり。

(『正法眼蔵』「現成公案《げんじょうこうあん》」)

明全和尚と道元禅師は、中国の暦で嘉定《かてい》十六年、日本の貞応二年（一二二三）の二月二十二日に京都を発《た》って博多に向かう。この時の「院宣《いんぜん》」と六波羅《ろくはら》の「下知状《げちじょう》」の写しが永平寺に伝わっているという。

「下知状」の方は

建仁寺住侶《けんにんじじゅうりょ》明全《みょうぜん》・道元《どうげん》・廓然《かくねん》・高照《こうしょう》等、渡海《とかい》の為《ため》、西海道《さいかいどう》に下向《げこう》す。路次関々《ろじかんかん》泊々煩《はくはくわずら》い無《な》く、勘過《かんか》すべきの状件《じょうくだん》の如《ごとし》。貞応《ていおう》二年《ねん》二月《がつ》二十一日《にち》、武蔵守《むさしのかみ》。相模守《さがみのかみ》。

という文章である。当時の通行許可証はこういうもののようである。

そして、四月の半ばに中国に到着していると『正法眼蔵』「洗面」で述べている。

船旅では下痢をしたらしい。しかし、風が強くなって、船中大騒ぎになったら、下痢が止まってしまったということである。（『正法眼蔵随聞記』「六・一九」）

「洗面」の巻は、洗面・楊枝《ようじ》・漱口《そうく》という慎みと礼儀の持続が、仏の無心無我の世界を実現して行くのであるということを述べるのであるが、その中で中国到着の時期を述べている。

到着したところは『典座教訓《てんぞきょうくん》』で「慶元」と述べているから、揚子江河口の南の銭塘江の河口に当たる杭州湾の南側の鄞江《ぎんこう》をさかのぼった貿易港である明州慶元府寧波《にんぽー》であるという。

当時、日中貿易はかなり盛んで、貿易船の往来は多かったようである。それでもシナ海を渡った人は多くはないであろう。

当時の船がどの程度の大きさであるかわからないが、大海原を行った体験を『正法眼蔵』「現成公案」で語っている。

この文章は道元禅師三十四歳の時、鎮西《ちんぜい》(太宰府《だざいふ》)の役人と思《おぼ》しき、俗弟子の楊光秀という人に与えた法語である。その第六段の文章である。

趣旨は、悟りと人間の出会いは、独りよがりの理解でわかったと思ったら、それは悟りではない、ということを述べて、

身心に仏の心が身に付かないうちは、法(真実)は十分満ち足りていると感じるものです。法が身心に十分身に付くと、何かしらまだ足りないという感じ、謙虚な心が生

じて、毎日の実践につながるのです。

たとえば、船に乗って陸《おか》の見えない海上で四方を見ると、ただ丸く見えるだけである。それ以外変わったものは何も見えない。……ただその人の理解の及ぶ範囲で仮に丸く見えるだけなのである。

と言う。その後に、しかし、この大海は丸いとも言い切れず、四方に平らとも言えない。自分の理解に拘《こだわ》らず、謙虚になって「無心」で、法（真理）を行ない続ける時、「無心」という真理そのものになっているのであるという。これが禅の生き方ということになる。

第二章　出会いの禅——本物に会う

16　修行とは一から十まで――老典座《てんぞ》に会う

山僧他《さんぞうかれ》に問《と》う、如何《いか》にあらんかこれ文字《もんじ》。座云《ぞいわ》く、一二三四五。また問《と》う、如何《いか》にあらんかこれ弁道《べんどう》。座云《ぞいわ》く、偏界曾《へんかいかつ》て蔵《かく》さず。

（『典座教訓《てんぞきょうくん》』）

四月中旬に宋の港に着いた道元禅師は、すぐには上陸許可が下りず、暫く船中に逗留して情報収集をしていたという。それより前に明全和尚は許可を得て上陸して天童寺に入っている。『典座教訓』では、

　また嘉定《かてい》十六年《ねん》　癸未《みずのとひつじ》五月《がつ》の中《うち》、慶元《けいげん》の舶裏《はくり》にあり。

というから一か月以上いたことになる。五月の中頃、

　一老僧《ろうそう》あり来《きた》る。年《とし》六十許歳《きょさい》。一直《いちじき》に便《すなわ》ち舶裏《はくり》に到《いた》って、和客《わかく》に問《と》うて倭椹《わじん》（日本産の干し椎茸）を討《たず》ね買《か》う。

とある。それを見て、道元禅師は、話しかけて自室に招き、お茶を勧めた。そして、

他《かれ》の所在《しょざい》を問《と》えば、便《すなわ》ちこれ阿育王山《あいくおうざん》の典座《てんぞ》（台所の主任）なり。他《かれ》（彼）云《いわ》く、吾《わ》れはこれ西蜀《せいしょく》の人《ひと》なり。郷《きょう》を離《はな》るること四十年《ねん》を得《え》たり。今年《こんねん》これ六十一歳《さい》。向来《こうらい》ほぼ諸方《しょほう》の叢林《そうりん》を歴《へ》たり。……しかるに去年本寺《きょねんほんじ》の典座《てんぞ》に充《あ》てらる。明日《みょうじつ》五日《にち》にして、一供渾《いっくすべ》て好喫《こうきつ》するなし。麵汁《めんじゅう》を做《つく》らんと要《ほっ》するに、未《いま》だ椹《じん》（椎茸）のあるあらず。よって特特《とくとく》として来《きた》るは、椹《じん》を討《たず》ね買《こ》うて十方《じっぽう》の雲衲《うんのう》に供養《くよう》せんとす、と。

そこで、これもご縁だからもっと話を聞きたいからと言うと、

不可《ふか》なり。明日《みょうじつ》の供養吾《くようわ》れもし管《かん》せずんば、便《すなわ》ち不是《ふぜ》にし了《おわ》らん。

と答えるから、あなた一人くらいいなくても何とかなるでしょう、と言うと、私は歳を取ってからこの大役に着いたのです。人になどゆずれない。それに宿泊許可を取っていない

と言う。そこで更に質問をする。

座尊年《ぞそんねん》、何《な》んぞ坐禅弁道《ざぜんべんどう》し、古人《こじん》の話頭《わとう》を看《かん》せずして、煩《わずら》わしく典座《てんぞ》に充《あ》たって只管《しかん》に作務《さむ》す。甚《なん》の好事《こうじ》かある。座大笑《ぞたいしょう》して云《いわ》く、外国《がいこく》の好人《こうじん》、未《いま》だ弁道《べんどう》を了得《りょうとく》せず、未《いま》だ（お経の）文字《もんじ》を知得《ちとく》せざることあり。

こう言われて、道元禅師は「忽然《こつねん》として発漸驚心《はつざんきょうしん》して、便《すなわ》ち他《かれ》に問《と》う、如何《いか》にあらんかこれ文字《もんじ》、如何《いか》にあらんかこれ弁道《べんどう》」と。

すると典座は問いの出発点を間違えなければ、その人自身なのだよ、と言って帰ってしまう。その時、道元禅師はどういうことかわからなかったと言う。

同年《どうねん》七月《がつ》、山僧天童《さんぞうてんどう》に掛錫《かしゃく》（安居《あんご》）す。時《とき》に彼《か》の典座来《てんぞきた》り得《え》て相見《しょうけん》して云《いわ》く、解夏了《かいげりょう》（九十日の安居が終わって）に典座《てんぞ》を退《ひ》き、郷《きょう》に帰《かえ》り去《さ》らんとす。たまたま兄弟《ひんてい》の老子箇裏《ろうしこり》にありと説《と》くを聞《き》く。如何《いか》んぞ来《きた》って相見《しょうけん》せざらんやと。山僧喜踊感激《さんぞうきやくかんげき》し、他《かれ》を接《せっ》して説話《せった》するの次《つい》で、前日舶裏《ぜんじつはくり》に在《お》ける文字弁道《もんじべんどう》の因縁《いんねん》を説《せっ》出《しゅっ》す。…山僧他《さんぞうかれ》に問《と》う、如何《いか》にあらんかこれ文字《もんじ》。座云《ぞいわ》く、一二三四五。また問《と》う、如何《いか》にあらんかこれ弁道《べんどう》。座云《ぞいわ》く、徧界曾《へんかいか》つて蔵《かく》さず。

異国でわざわざ訪ねてくれたらどんなにかうれしいに違いない。そこで先日のことを質問したら、お経の言葉とは一から十まで、何もかもさ。修行の努力とは、見えないものを捜し出すことではない、すべて丸出しで隠してなんかいないのさ、と答えたのである。

生きている今、ここの一から十までの世界中（徧界）が法（真理）の丸出しであり、そこで法と一致して無心・無我・空になることが悟りなのさ。

だから人間として生きているすべての場である、台所・洗面・労働、すべてが空・無心を確かめるところなのである。坐禅・読経が修行で、労働・日常生活は程度の低いことということではない、と言うのである。

この事件によって道元禅師は目が開き、この典座への感謝を感動を以て書いている。

17　他《た》はこれ吾れにあらず――用典座《ゆうてんぞ》に会う

他《た》はこれ吾《わ》れにあらず。……さらに何《いず》れの時《とき》をか待《ま》たん。

（『典座教訓』）

前節の阿育王寺の典座和尚さんに会った話の前に次のような出来事を書いている。

山僧天童《さんぞうてんどう》にありし時《とき》、本府《ほんぶ》の用典座《ゆうてんぞ》、職《しょく》に充《あ》たれり。予因《よちな》みに斎《さい》（昼御飯）罷《おわ》って東《とう》廊《ろう》を過《す》ぎ超然斎《ちょうねんさい》に赴《おもむ》くの路次《ろじ》、典座《てんぞ》仏殿前《ぶつでんまえ》にあって苔《たい》を晒《さら》す。手《て》に竹杖《ちくじょう》を携《たずさ》えて頭《こうべ》に片笠《へんりゅう》なし。天日地甎《てんじつちせん》（敷瓦）を熱《ねっ》し、熱汗流《ねっかんなが》れて徘徊《はいかい》すれども、力《ちから》を励《はげ》まして苔《たい》（茸）を晒《さら》（干）す。やや苦辛《くしん》を見《み》る。背骨弓《はいこつゆみ》のごとく、龍眉鶴《りゅうびつる》に似《に》たり。

本府と言うのであるから、この県出身の用という名前の典座寮（台所）担当の和尚さんだと言う。昼過ぎに東の廊下を渡って超然斎という建物に行こうとして、仏殿の前で茸を干している用典座に会う。

竹の杖を持って、頭には笠もかぶらず、太陽が照りつけて敷瓦が焼けつくようである。少し苦しそうで、背中は弓のように曲がり、眉毛は鶴のように白い老人だ。

そこで、声を掛ける。

山僧近前《さんぞうきんぜん》して、便《すなわ》ち典座《てんぞ》の法寿《ほうじゅ》を問《と》う。
座云《ぞいわ》く、六十八歳《さい》。
山僧云《さんぞういわ》く、如何《いか》んぞ行者人工《あんじゃにんく》を使《つか》わざる。
座云《ぞいわ》く、他《た》はこれ吾《わ》れにあらず。

山僧云《さんぞういわ》く、老人家如法《ろうにんけにょほう》なり。天日《てんじつ》かつ恁《かく》のごとく熱《ねっ》す。如何《いか》んぞ恁地《いんち》なる。

座云《ぞいわ》く、さらに何《いずれ》の時《とき》をか待《ま》たんと。

山僧《さんぞう》すなわち休《きゅう》す。


どうして人工を使わないのか、あなたのような老人がなさることではないではないか、と申し上げると、「他はこれ吾れにあらず」……他人のしたことは自分のしたことにはならない、と言う。それはごもっともだ。しかし、おてんとうさんはこんなに暑いのになぜこんな時にするのですか、と言うと「さらに何の時をか待たん」と言う。「今より他にいつできるのかね」というような意味である。

「山僧すなわち休す」、言葉に詰まったというのである。そして、

廊《ろう》を歩《ほ》する脚下《きゃっか》、潜《ひそ》かにこの職《しょく》の機要《きよう》たることを覚《おぼ》ゆ。


と、書いている。

「他はこれ吾れにあらず。……さらに何の時をか待たん」

生きているということは、さまざまなことの連続である。洗面・台所・食事・トイレ・

掃除・挨拶・労働・付き合い・休憩・親戚付き合い・勉強・会話・病気・看病等々一切合切の時と場である。

そのところで行なうべきご縁を全力で完全燃焼すること、それが後悔のない生き方である。自分の都合や、欲望や、面子《めんつ》などに気持ちが引っ掛かっていると、やることが不完全になる。その引っ掛かりから自由になってなりきることが「空・無心」であり、煩悩・迷いからの「解脱」である、と見るのである。これが禅の生き方である。

道元禅師が十五歳で持った、悟りと修行の関係についての答えが早くも明快に示されたのであった。

18　畢竟《ひっきょう》（結局）じて何の用ぞ――人に教える前に自分がそれになれ

我在宋《われざいそう》の時《とき》、禅院《ぜんいん》にして古人《こじん》の語録《ごろく》（語った言葉）を見《み》し時《とき》、或《ある》、西川《せいせん》（四川省）の僧《そう》の、道者《どうじゃ》にて有《あり》しが、

我《われ》に問《とう》て云《いわく》。なにの用《よう》ぞ。
答《こたえ》て云《いわく》。古人《こじん》の行履《あんり》（生き方）を知《し》らん。
僧《そう》の云《いわく》。何《なん》の用《よう》ぞ。
云《いわく》。郷里《きょうり》に帰《かえっ》て人《ひと》を化《け》（教化…導く）せん。
僧云《そういわく》。なにの用《よう》ぞ。
云《いわく》。利生《りしょう》（衆生利益）の為也《ためなり》。
僧云《そういわく》。畢竟《ひっきょう》（結局）じて何《なん》の用《よう》ぞ。

（『正法眼蔵随聞記』「三・一五」）

中国の禅寺で道元禅師はどんな修行をしていただろうか。その一端を語る出来事がこの話である。

仏教では「高僧伝」という伝記記録をキチンと整理して伝えるという伝統がある。禅宗では「伝灯録」という。修行の跡形と、どのように悟りと出会ったか、何という師匠から許されて証明されたかというような、悟りと生きざまを記録して伝えるものである。また、その高僧の書いた言葉、人に示した言葉、悟りの言葉などを「語録」という。これを学ぶことで先輩の生き方がよくわかる。今日〝禅問答〟と言われている『碧巌録《へきがんろく》』『従容録《しょうようろく》』『無門関《むもんかん》』は禅僧の出会いの経緯・悟り・その言葉を編集したものである。

中国文化は故事・故実を大切にする。道元禅師の家庭環境もそうしたものを大切にする文化であった。道元禅師自身、中国にいる間に、かなり多くの禅問答を記録して持ち帰っている。禅は生き方の上に実現するものであるから、他の宗派が経典を重視するのと対照的にこうしたものを重視していたと見ていいであろう。

ある時、『高僧伝』を読んでいると、四川省出身の僧でなかなか道心堅固な方が声を掛けてきた。「何をしているの」と言うのである。そんなこと見ればわかることである。ここでの「何」は「なぜそんなことをしているか」という意味である。そこで、「先輩たち高僧の生き方を知ろうと思う」と答えると、すると「何になるの」と聞く。「国に帰って人々を教化・教育するためです」と答えた。さらに「何になるの」とまた、聞く。そこで、「人々を救うため」と答える。すると「結局、何になるの」と問い詰めたというのである。

この後に、道元禅師は、反省して、こうした知識を集める学び方は根源的な問題解決のためにも、人を導くためにも「無駄」なことだと気が付いた。

煩悩・自我から解脱し、自由になって、涅槃寂静の世界に自ら徹底していないで、中途半端な徳目や理論だけの仏教を振りかざしても、涅槃寂静の世界そのものを実現することは出来ない。

人間の意識は、いろいろなものにとらわれている。内心の自我と、外界のものごと・刺激とによってとらわれて心が動く。それがあらゆるトラブル・迷い・苦しみの根源の仕組みである。そういう苦しみの人を助けるためには、とらわれを突き破って心底自由に働く「心」を体得していて、その自由な世界からとらわれている人を照らさなければならない。

従って、自分がそこにならなければ自分も、他人も救うことは出来ない。

「畢竟じて何の用ぞ」とは、その根源的涅槃寂静な世界にとって何になるのだ、という問い掛けだったのである。

19　学道の人衣食に労することなかれ――中国僧の修行の仕方

学道《がくどう》の人《ひと》衣食《えじき》に労《ろう》することなかれ。

（中略）

親《まのあた》りに見《み》しは、西川《せいせん》の僧《そう》、遠方《おんぽう》より来《きたり》し故《ゆえ》に所持物《しょじぶつ》なし。纔《わずか》に墨《すみ》二三箇《こ》の値両《あたいりょう》三百《びゃく》、この国《くに》の両《りょう》三十にあたれるをもて、唐土《とうど》の紙《かみ》の下品《げぼん》なるはきはめて弱《よわき》を買取《かいと》り、或《あるい》は襖《ふすま》、或《あるい》は袴《はかま》に作《つくり》て著《き》れば、起居《たちい》に壊《こわ》るるおとしてあさましきをも顧《かえ》りみず、愁《うれえ》ず。人《ひと》、自《おの》が郷里《きょうり》にかえりて道具装束《どうぐしょうぞく》せよと言《いう》を聞《きき》て、郷里《きょうり》遠方《おんぽう》なり、路次《ろじ》の間《かん》に光陰《こういん》を虚《むなし》くして、学道《がくどう》の時《とき》を失《うしなわ》んことを愁《うれえ》て、更《さら》に寒《かん》を愁《うれえ》ずして学道《がくどう》せしなり。然《しか》れば大国《たいごく》には、よき人《ひと》も出来《いでく》るなり。

（『正法眼蔵随聞記』「一・四」）

道元禅師は、中国の禅寺で何を見たのか。

ここに取り上げた話は、時間を惜しみ、衣服に拘らないで修行する僧の実例である。

衣食にかかずらわっていると、欲望が出てきてしまうし、そちらに気を取られていると肝心なものが見えなくなるからである。

仏教の修行道場では、食べることや、備品・設備・燃料などはお寺の責任である。お寺に所属するものを常什物《じょうじゅうもつ》という。

個人の衣類、個人の書籍や所持品、個人の旅はその人が準備するものである。親族・縁故者が主たる施主となることが多い。また、特に親しい施主が布施することもある。

キリスト教の修道院や、仏教の道場など集団生活をするところでは、それなりの経済システムが出来ている。

さて、四川省出身のこの人は、墨を貯金替わりに持っていていざとなったらこれを売ってお金に換える用意をしているという。ところがそれ以上の経済力がないから、着るものがなくても買うことはなく、安物の紙を買って、袷《あわせ》または綿入《わたい》れのようなもの（襖）にしたり、袴にしたりしていたという。立ち居振舞にそれが破れる音がするという。

見兼ねた人が、国に帰って衣服を調達してきたらどうか、と言ったら、郷里は遠方だから、道中で死んだり、時間を無駄にし、修行の時を失うではないかと言った。
そして、時間を失うことを愁えて、寒さを愁えることはしなかった、と言う。こういう本物の人間がいるから、大国には素晴しい人が出るのであるという。

20 洗面・歯磨の仏法――生活文化の見聞

いまだ染汚《ぜんな》せざれども澡浴《そうよく》し、すでに大清《だいしょう》浄《じょう》なるにも澡浴《そうよく》する法《ほう》は、ひとり仏祖《ぶっそ》のみ保任《ほにん》（大切に）せり。

（中略）

もしおもてをあらはざれば、礼《らい》をうけ、他《かれ》を礼《らい》する、ともに罪《つみ》をうる。

（『正法眼蔵』「洗面」）

道元禅師の中国体験で伝えたことの一つが顔を洗う意義と、歯を磨くという仏教の習慣である。しかも、こんな日常的な衛生の行為が悟りの維持であるというのである。

「歯磨」については『三千威儀経《いいぎきょう》』『華厳経《けごんきょう》』『梵網経《ぼんもうきょう》』などに、仏教の戒律として記録されている。そういう伝統を受け継いで、中国で禅宗が発達すると、インド的な戒律を捨てて行く代わりに、中国的で禅宗的な集団修道に合った形に改変・再編していった。それを「清規《しんぎ》」という。

洗面は、布巾の使い方、洗面場、楊枝《ようじ》の嚙みかた、使った楊枝を捨てる場所、口のすすぎ方、舌の掃除、などを、経典の資料をあげつつ丁寧に指導している。

その中にご自分の体験や見たことを書いている。

嘉定《かてい》十六年四月の中頃、初めて、大宋国の禅寺を見た時、僧侶たちは楊枝を使うということを知らなかった。「もし楊枝の法を問著すれば、失色して度を失す」という。楊枝について質問すると虚を突かれたように顔色を失ったというのである。

では道元禅師は知っていたのだろうか。どうも知っていたらしい。

というのは、すでに経典などで知っていたのかもしれないが、次のように書いている。

「水を右手にうけて目をあらふこと……いま日本国の往代の庭訓なり。刮舌《かつぜつ》の法は、僧正栄西つたふ」という。つまり洗面は日本でも家庭における昔からの良い教えである。舌をこそぐ衛生法は栄西禅師が日本に伝えたのである、と言う。

中国では、楊枝の作法が一般に行なわれていないために「天下の出家在家、ともに口気はなはだくさし。二三尺をへだててものいふとき、口臭きたる。かぐものたへがたし」と言っている。

しかし、少数ながら楊枝を使う人はいて、しかも中国の技術は進んでいて「馬の尾を寸余にきりたるを、牛の角の、おほきさ三分ばかりにて、方《けた》（四角）につくりたるが、ながさ六七寸なる、そのはし二寸ばかりにむま（馬）のたちがみのごとくにうえて、これをもちて牙歯をあらふのみなり」と言い、これは動物を殺して作っているから僧侶の道具としては不適当であり、俗人も先祖や神につかえる（祠天）時は嫌っている、と言う。今日の歯ブラシと同じ物が中国にはすでにあったのである。そして「かの器、また俗人・僧家、ともにくつ（靴）のちりをはらふ器にもちいる。また梳鬢《そびん》（髪を梳く）のときもちいる」と記録している。このブラシは靴を磨き、髪を梳《す》くのにも用いているというのである。

こんな生活文化に注目したのは、日本の上流社会の生活文化がそれに近いところまで洗練されつつあり、かつ仏教・禅の肌《き》め濃《こま》やかな生活文化の考え方があったからであろう。

さて、頭書にかかげた言葉は「汚れていなくても、きれいであっても朝起きたら洗うということは、仏教でのみ伝える作法である。起きてから、もし顔を洗わないうちに、人から挨拶され、人に挨拶するのは、罪である」という。

罪というのは「人間らしさから遠ざかっている」ということである。つまり洗面・楊枝は人間らしさであり、それが禅的な心の輝きを確かめ続ける生活文化なのであるという。

21　知見《ちけん》は色に現れ、覚《さと》れば跡《あと》がない――明全師の遺骨

ひそかにおもんみれば、知見《ちけん》のおこるときは、円音《えんいん》いろをあらはし、覚了《かくりょう》のきはむるところ、動容《どうよう》あとをとどめず。

（『舎利相伝記《しゃりそうでんき》』）

道元禅師が中国に滞在したのは一二二三年五月から二七年七月までのあしかけ五年、満四年間である。最初の年は天童山景徳寺の無際了派《むさいりょうは》という禅師につく。この間にも修行の間に近くの寺を訪ね歩いている。しかし、了派禅師の指導に納得するところがなくて、翌年冬に諸山歴訪に出る。その間に、了派禅師は遷化《せんげ》してしまう。遷化というのは、教化の場をあの世に遷《うつ》す、という意味で、逝去することである。

了派禅師の遺言により如浄禅師が天童山景徳寺住職として朝廷から任命される。この噂を三年目の春に旅先で道元禅師は聞く。しかもこの人こそ本物の禅師であるということを僧たちから聞いて、道元禅師は急いで天童山景徳寺に帰る。一二二五年の四月の末である。

道元禅師はそれから二年間、如浄禅師のもとにいることになる。その間にも諸山遍歴はしている。

さて道元禅師が如浄禅師に初めて会ったのは五月一日である。ところが師である明全和尚は、その五月十八日に発病して、二十七日に亡くなってしまう。四十二歳であった。

明全和尚は栄西禅師と縁の深い天童山景徳寺で満二年間修行したことになる。

明全和尚は奈良で受戒得度をうけた人である。その「戒牒《かいちょう》」という証書は永平寺に残っている。道元禅師は建仁寺時代に明全和尚から「戒法」を伝えている。

戒律の師である明全和尚を異国の地で失うことになる。しかも明全和尚は、求法《ぐほう》のために死んでもよいという決意で、師の明融阿闍梨《みょうゆうあじゃり》の看病の要請を断ってまで入宋したのである。それが本当になってしまったのである。明全和尚にとっても、道元禅師にとっても過酷な運命を受け止めなければならない事件である。

道元禅師の『舎利相伝記』には明全和尚の年譜と事蹟を記録した後に、二十七日の朝「衣装を正し、端坐して寂にいたる」と書いている。山内の雲水と門前村の人が大勢集まって供養の儀式を行ない、二十九日に荼毘《だび》（火葬）に付した。火葬の火の色が五色に変わり、舎利三顆《さんか》を得た。それを寺に連絡したら寺の大衆《だいしゅう》は感嘆して礼拝したという。

「舎利」というのは、もとは仏陀の遺骨のことであったが、のちに米つぶのような丸い骨を指すようになる。これは徳の高い僧の遺骨から出ると考えられている。

その明全和尚には舎利が出たというのである。その時に書いた『舎利相伝記』の出だし

の文で、

　ひそかにおもんみれば、知見のおこるときは、円音いろをあらはし、覚了のきはむるところ、動容あとをとどめず。

というのである。悟りの目が働き出す時は、その響き（円音）は自ずから色に現われ、悟りに徹底する（覚了）と、人生・行動に臭みの跡が残らない、という意味である。

　これは無心・無我の悟りとはこういうものだと言っているが、実は明全和尚の仏徳が舎利や大衆の礼拝という形の色に表われ、その死は、「立つ鳥跡を濁さず」のように、無に帰っていったというのである。

　そして二年後に、道元禅師は明全和尚の遺骨を抱いて帰国し、建仁寺の栄西禅師を祀《まつ》るお堂の前庭の樹木の間に埋葬し、墓を立てたのである。建仁寺では、今日もこの墓の花と水は絶やすことがない。

22　悲しみを縁として成長しよう——全禅人《ぜんぜんにん》に与えた歌

全禅人《ぜんぜんにん》の子を亡《ぼう》ずるを訪《とぶ》らう
正　眼《しょうげん》を挙開《こかい》して瞳児《とうじ》を現《げん》ず。
漠目《ばくもく》観来《みき》たれば涙露《るいろ》移《うつ》る。
好箇《こうこ》の翻身《ほんしん》時節《じせつ》至《いた》れり。
閻老《えんろう》をして等閑《とうかん》に知《し》らしめること莫《な》かれ。

（『永平広録《えいへいこうろく》』「第十巻三二」）

道元禅師の宋国における事蹟は大きく分けて三つの視点から見られよう。ひとつは如浄禅師との出会い、二つ目は諸山・諸寺・諸師の遍歴、三つ目はその他の人との出会いである。

その間の記録は『宝慶記《ほうきょうき》』と『永平広録』の第十巻と、『正法眼蔵』や『正法眼蔵随聞記』に散見する記述とである。

『永平広録』第十巻の「偈頌《げじゅ》」（漢文の歌）の一から五十までの五十首が在宋時代のものであるという。これは弟子の詮慧《せんね》という人を中心に編集している。

人の歌に和して作ったもの、人に作って与えたもの、在家の居士（禅人）に与えたものがある。外国人として見たらけっこう幅広い人との交流があったといえる。

登場する人は、溥《ふ》という人、文本という役人、茹《じょ》千一という人の母親、南という役人、王という役人、尼僧さんらしい妙溥《みょうふ》という人、王という地方政治の観察使、妙真という居士などの名前がある。

その中でここに取り上げた「全禅人の子を亡ずるを訪らう」という頌は、道元禅師を知る上で貴重な言葉かも知れない。

全という人は、お寺に出入りして仏教を学び、あるいは坐禅をしていた「居士」であったろう。それで親しくしていたに違いない。その全さんの子供が亡くなったという。そこで道元禅師はお悔やみに訪問したのである。その時にこの歌を書いて与えたという。

［全さんは］人の世の無常という厳粛な事実を見る正眼を見開（挙開）いて、亡き子

の面影を瞳の奥に見ている。悲しみの余り視点が定まらない目（漠目）を見れば、涙もいつしか変わ（移）り、心が悟りに飛躍（翻身）する良いチャンス（好箇の時節）が熟（至）した。［悲しみの迷い煩悩にとらわれていることを］閻魔さまに不注意に知られないように［悟りの目で亡き子を包んでやって下さい］

というような意味の歌である。

道元禅師の言葉の中では珍しい、悲嘆の人を悟りで包む言葉である。

人間世界の無常は、死に極まり、死別の悲嘆は、残されたものには、下ろすことのできない重荷となって一生涯背負って行かなければならないものである。しかし、人間はその現実から逃れることは出来ない。

とするならば、別れの悲嘆をどう受け止め、そこでどう人間として成長して行くかが修行ということになる。

亡き子に対しても、人間の生きる意味を見極め悟った「目」で包んでやることが、その子の生きた意味を真実たらしめることであろう。

悲嘆を背負って行く心の修行を「グリーフ・ワーク」という。道元禅師は全居士がこのグリーフ・ワークを歩み続けていることを、たたえ、証明して、それを歌にして励まし、慰めにしたのである。誠に有り難い言葉である。

23　仏にあこがれ、仏の服を着る――袈裟の功徳に感嘆

袈裟《けさ》はふるくより解脱服《げだつふく》と称《しょう》す。……この仏衣仏法《ぶつえぶっぽう》の功徳《くどく》、……。諸仏《しょぶつ》のあとを欣求《ごんぐ》すべくば、まさにこれを欣楽《ごんぎょう》すべし。

（『正法眼蔵』「袈裟功徳」）

中国の禅寺で道元禅師はいろいろ新鮮な体験をする。中でも「お袈裟」についての体験は感動的であったと書いている。袈裟とは仏陀の着物であり、仏教僧の服装である。

日本の仏教でも仏教僧の服装については伝統があるが、それらはいつの間にか国家仏教としての規定になっていた。それは中国の唐代の役人の服制による色の階層化の影響で出

来ていた。

そして、中国の禅寺というから天童山であるかどうかわからないが、僧堂（雲水が寝起きし坐禅をし食事をする堂。一般的に坐禅堂という）の長連牀《ちょうれんじょう》（一人一畳の席が壁際に一列にならんでいる台）で坐禅をしていた明け方のことである。夜が明けると「開静《かいじょう》」と言って山内の鳴り物を一斉に鳴らす。それを聞いて隣で坐禅をしていた坊さんが袈裟を取り出して頭の上に乗せ、いわゆる頂戴をして、合唱して唱えごとをしたのである。

「大《おお》いなるかな、解脱《げだつ》の服《ふく》。無《む》の相《すがた》をした福田《ふくでん》の衣《え》。如来《にょらい》の教《おし》えを披《かぶ》り奉《たてまつ》り。広《ひろ》く諸衆《しょしゅ》生《じょう》を度《すく》い奉《たてまつ》らん」

という言葉であった。道元禅師はこう書いている。かつて『阿含経』を見た時、袈裟を頂戴する文は見たが、その頂戴の儀式はわからなかった。日本では誰も知らなかった。今、感激の余り涙が出た、というのである。

二年目の秋に慶元の町で、高麗《こうらい》（現在の朝鮮・韓国）の僧に会ったことをこう書いてる。智玄《ちげん》と景雲《きょううん》という二人の僧に会った。経典のことに詳しい「文学士」であったが、袈裟と僧の食器（鉢盂《はつう》）を持っていなかった。日本の僧侶も他国に行ったらこの人たちと同様であろう、と反省している。

仏陀が着た着物である袈裟を最上の作法で頂戴するということは仏にあこがれるということである。しかも、仏陀は、人が汚して捨てたものを拾い集めて縫い合わせたものが一番貴いと言っている。ある老婆は仏陀に供養するものがないと泣いて、煮しめたようなハンカチで目を拭いた。仏陀はその汚れたハンカチを貰い受けて自分の袈裟の四隅に補強材として縫い付けた。だから今日までこの老婆の徳をしのんで袈裟の四隅に必ず小さな布が縫い付けてある。色は捨てたものだから、青・黒・茶褐色である。この仏陀の着物を着ることは仏陀に包まれることである。

道元禅師は「仏陀にあこがれ続けた人」である。それが信の確かめなのである。「諸仏のあとを欣求すべくば、まさにこれを欣楽すべし」とは、信じあこがれるワクワクするような言葉なのである。

『正法眼蔵』「袈裟功徳」では、お袈裟の成り立ち、その材料、縫い方、功徳などを丁寧に解説している。そして「後漢孝明皇帝永平十年（西暦六七年）より」仏教が中国に伝わってから大勢の人が仏経を伝えたが、仏陀の正当な袈裟の在り方を伝えたのは達磨《だるま》門下だけだった、と言っている。ここに、袈裟信仰を通して仏陀に直結する信とあこがれの道元禅師門下の家風が種蒔かれたのである。

24　仏心は自由で満月だ――諸山を訪ねる

第《だい》十四祖龍樹尊者《そりゅうじゅそんじゃ》……曰《いわ》く「汝《なんじ》仏性《ぶっしょう》を見《み》んと欲《おも》はば、先《ま》ず須《すべか》らく我慢《がまん》を除《のぞ》くべし」……尊者《そんじゃ》また坐上《ざじょう》に自在身《じざいしん》を現《げん》ずること満月輪《まんがつりん》の如《ごと》し。

（『正法眼蔵』「仏性《ぶっしょう》」）

道元禅師は在宋の足掛け五年、満四年間に、近くの阿育王山広利寺、大梅山護聖寺《ごしょうじ》などを拝している。遠くではずっと西の方の径山《きんざん》万寿寺、南西の天台山の平田・万年寺、台州小翠岩《しょうすいがん》などを巡歴している。また帰りがけには、かなり西方の江西省方面に巡遊しているという。また、帰りがけに、シナ海に浮かぶ小島の観音霊場である補陀落迦《ほだらか》山に参詣している。補陀落迦とは南方にあるという観音浄土のことである。

また、船乗りたちが信仰していた大現修理菩薩《だいげんしゅりぼさつ》を祀《まつ》る招宝山にも参詣していたかもしれない。これは阿育王山広利寺の北の海に浮かぶ島である。道元禅師は招宝七郎大現修理菩薩を祀っている。それは仲間を含む航海の安全を真剣に祈り、船乗りたちの協力に深く感謝していたからであろうと思う。

さて阿育王山広利寺の「阿育王」とは、インドでお釈迦さまの百年後にインドを統一したマウリヤ王朝のアショーカ王のことである。この王さまは、父親の死後、兄弟で王権を争って戦い、そのむごさを恥じて仏教に帰依し、仏教で平和をつくろうとし、世界中に仏教を広めた人である。その王の名前を冠した寺である。

この阿育王山は先の典座和尚の因縁があり、また、平家が焼いた東大寺を再建する大勧進を勤めた俊 乗房重源《しゅんじょうぼうちょうげん》が日本から木材を取り寄せて堂宇を再建した寺でもある。道元禅師はこのお寺を第一年目と第三年目とに訪ねている。

最初の嘉定《かてい》十六年の秋と、二回目に訪ねた宝慶《ほうきょう》元年の夏とに、西の廊下の壁にお釈迦さま以来三十三代の祖師の変相図《へんぞうず》を見たという。変相とは、悟りの心を象徴的に絵に表現したものである。

第十四世のナーガルジュナ大和尚（龍樹《りゅうじゅ》）の肖像があった。龍樹は大乗の「空」の教理を完成した二～三世紀の人である。ところがその肖像は、法座という椅子の上に一輪相、つまり円を書いただけであった。

そこで案内の成桂《じょうけい》という知客《しか》（接客）和尚にこれはなんですかと聞くと「龍樹身現円月相」と答えた。その声はわかっていないという。そこで「なぜ一枚の餅みたいなんだろう」と聞いたら、知客は大笑いしたが、腹の底に力がない。そこで堂頭《どうちょう》（住職）の大光和尚に聞いてみようと言ったら、知客が、あの人はわかっていないと言ったので、そのまま誰にも聞かなかったという。

道元禅師はこれを解説する。龍樹尊者は言った。

「汝、仏性を見んと欲《おも》はば、先ず須らく我慢を除くべし」……尊者また坐上に自在身を現ずること満月輪の如し。

仏心・仏性とは我慢の無いことであるという。我慢とは自分中心に見ると自分は変わらないという慢心に陥り、人を見下すようになることである。

そして尊者は、席の上で何者にもとらわれない自由な心（自在）になった。それは満月のような完全・円満な姿であった、というのである。

それが、阿育王山の廊下に描いてあったのである。

25　釈迦牟尼仏を恋慕したてまつる――法を伝えるということ

釈迦牟尼仏《しゃかむにぶつ》の仏面《ぶつめん》を礼拝《らいはい》したてまつり、釈迦牟尼仏《しゃかむにぶつ》の仏眼《ぶつげん》をわがまなこにうつしたてまつり、わがまなこを仏眼《ぶつげん》にうつしたてまつりし仏眼睛《ぶつがんぜい》なり、仏面目《ぶつめんもく》なり。

（『正法眼蔵』「面授《めんじゅ》」）

道元禅師が中国の天童山に安居《あんご》した時、一山の雲水の末席に位置付けられた。その時、禅師は「仏教ではお釈迦さま以来の伝統として、出家受戒した順に並ぶことになっているはずだが」と異議を申し立てた。すると山の僧侶たちは会議を開いて、外国人の僧侶は空海も、最澄も、栄西もすべて末席で、それが先例であると回答してきた。つまり、日本の受戒は中国の受戒より一ランク見下げていたのである。天童山の住職は中国の朝廷が任命している。そこで道元禅師は任命権者である朝廷に、仏教の原則に違反している天童山の列位をただすように訴えたのである。前後三回訴えたためについに朝廷の決するところとなり、道元禅師の主張が認められたという。

道元禅師の心の中には、人間が仏の悟りに出会い、一致するということはどういうことかという大疑問があったからである。

天童寺に上って間もない七月に、師広という都寺《つうす》（寺院運営の総指揮者）役の和尚さんから、禅宗には「嗣書」という証明書があるということを教えられ、それを見たいという願いを持つようになる。しかし、これは悟りの証明であって、師から弟子に渡すもので他人や、悟っていない者に見せるべきものではないから、見たいと言っても見られるものではない。

道元禅師の関心は、仏の悟りが人間の上に実現するということはどういうことか、それをどう理論付けているかを知りたかったのである。

禅師の熱意に感じた僧侶方の協力で、だんだんと仏縁が熟して、いろいろな系統の「嗣書」を見せてもらう縁が開けたのであった。

それは簡単に言えば、永遠な過去からの真実を表わす「過去七仏」と「釈迦牟尼仏」と歴代の「祖師仏」と「師仏」と「弟子仏」が一体であることを図で表現したものであった。

それは仏の「無心・無我・空」の悟りが信じられ、それに出会った時、あなたは仏であり、釈迦も師も弟子も、皆真実において一体であるということを象徴したものであった。

「嗣書」を訪ね歩いたいきさつと理由は『正法眼蔵』「嗣書」に詳しく書いている。

問題は、人間が仏の心に出会ったということをだれが証明するかである。それは出会いの体験者である人間（師）が見ぬき、証明するしか無い。本物は本物を知るという。その本物を育成し、証明する力があるのが師たる所以《ゆえん》である。

「知るということは、なるということである」という。悟りを知るとは悟りになるということである。友情を知るということは友情になるということである。

釈迦牟尼仏の仏面を礼拝したてまつり、釈迦牟尼仏の仏眼をわがまなこにうつしたてまつり、わがまなこを仏眼にうつしたてまつりし仏眼睛なり、仏面目なり。

仏陀のお顔を拝み、仏陀の目を私の目に移し、私の目を仏陀に重ねたところの、仏の瞳（睛）であり、仏のお顔なのであるという。

つまり空・無心という仏の心の世界で一致し、出会うのだという。面授とは、顔と顔が会ってこそ、無心と無心の出会いも成り立つのだというのである。

その出会いは「釈迦牟尼仏を恋慕したてまつる」ことだという。道元禅師は仏陀を恋慕し、信じた人であった。

26　慈悲による呵嘖――如浄という人

先師《せんし》天童《てんどう》浄和尚《じょうおしょう》住持《じゅうじ》の時《とき》、僧堂《そうどう》にて衆僧《しゅそう》坐禅《ざぜん》の時《とき》、眠《ねむり》を警《いましむ》るに、履《はきもの》を以《もっ》て是《これ》を打《うち》、謗言《ぼうげん》呵嘖《かしゃく》せしかども、僧《そう》皆《みな》打《う》たるることを喜《よろこ》び、讃歎《さんたん》しき。

或時《あるとき》又《また》上堂《じょうどう》の次《つい》でには、常《つね》に云《いわく》、我《われ》すでに老後《ろうご》の今《いま》は、衆《しゅ》を辞《じ》し、庵《あん》に住《じゅう》して、老《おい》を扶《たすけ》て居《い》るべけれども、衆《しゅ》の知識《ちしき》（先達）として、各々《おのおの》迷《まよい》を破《やぶ》り、道《みち》を助《たす》けんが為《ため》に住持人《じゅうじにん》たり。是《これ》に因《より》て、或《あるい》は呵嘖《かしゃく》の言《ことば》を出《いだ》し、竹篦《しっぺい》打擲《ちょうちゃく》等《とう》の事《こと》を行《ぎょう》ず。是頗《これすこぶ》る恐《おそれ》あり。然《しか》れども、仏《ほとけ》に代《かわ》って化《け》を揚《あぐ》る儀式《ぎしき》なり、諸兄弟《しょひんでい》、慈悲《じひ》をもて是《これ》を許《ゆる》し給《たま》へと言《いは》ば、衆僧《しゅそう》流涕《るいてい》しき。

住持長老《じゅうじちょうろう》なればとて、猥《みだ》りに衆《しゅ》を領《りょう》じ、我物《わがもの》に思《おも》うて呵嘖《かしゃく》するは非也《ひなり》。況其人《いわんやそのひと》に非《あらず》して人《ひと》の短《たん》を謂《いい》、他《た》の非《ひ》を謗《ぼう》じるは非也《ひなり》。

（『正法眼蔵随聞記』「二・九」）

道元禅師は径山《きんざん》、天台山などを巡歴している旅先で、天童寺の新しい住職は如浄という人で、これこそ本物の僧であると聞いて、急ぎ天童寺に帰ることになる。途中、大梅山護聖寺に泊まって、中国の宝慶《ほうきょう》元年（一二二五）の四月下旬に帰着する。そして、五月一日に初めて如浄禅師に相見《しょうけん》（面会）する。

如浄禅師（一一六三〜一二二八）は、人柄は豪爽で、浄長とか、長翁などとも言われていた。雪竇山《せっちょうざん》の智鑑禅師のもとで悟りを許される。清涼寺、瑞岩寺、浄慈寺《じんずじ》などの住職をした後、天童寺の無際了派の遺言推挙を受けて、太白山天童景徳寺の住職に任命されたのであった。

道元禅師が見た如浄禅師の人柄・指導の仕方を語っている。

老体を励まして、若い修行者たちを叱っているのである。居眠りをすると履いていた靴で殴った。そして、仏道修行のためだから許せと言ってわびたという。修行僧たちは涙を流して感謝し、打たれることを喜んだというのである。

それを受けて、道元禅師は言う。

上の者は、下の者を自分の所有物のように錯覚して、自分の感情で叱りつける。それは間違いである。ましてや、その立場にない人が人の欠点を言い、間違いを非難するのは正しい在り方ではない、と言っているのである。

27　天意に合し、仏意に合す――信じ自分の都合を捨てる

俗《ぞく》は天意《てんい》に合《がっ》せんと思《おも》い、衲子《のっす》は仏意《ぶつい》に合《がっ》せんと修《しゅ》す。

（『正法眼蔵随聞記』「三・三〇」）

如浄という人がどんな人だったかについて、こんな話を語っている。

如浄禅師は、僧堂にいて、時には夜中まで坐禅をした。明け方は真っ暗なうちから坐禅をした。自分から堂内を歩いて居眠りをする坊さんがいると殴ったり、靴を脱いでそれでたたいたりした。それでも眠る人がいると、明かりを増やし、鐘を鳴らして目を覚まさせた。

そして、君たちは何のために出家したのか。世間の帝王も役人も誰が自分が楽をするた

めにやっているだろうか。庶民が田を耕すのに楽をしているか。その苦労から逃れて寺に入って「畢竟《ひっきょう》じて何《なん》の用《よう》ぞ。生死事大也《しゅうじじだいなり》、無常迅速也《むじょうじんそくなり》」。明日にも死ぬか、どんな病気になるかもわからん。しばらく生きている間、仏法を修行せずに居眠りをするとは愚かなことだ、と言った。

ある時、侍者が修行僧は疲れているし、病気が出たり、やる気を失っても困るから、坐禅の時間を短くしたらどうだろうかと、提言した。

すると、そうではない。道心の無い人間は少しくらい居眠りするのもいいでしょう。しかし、道心がある人は長くても喜んで坐るでしょう、と言う。

こういう話を聞くと、禅の厳しさはそのまま努力主義・自力の修行に聞こえてしまう。

ところが道元禅師の説明は、

俗は天意に合せんと思い、衲子は仏意に合せんと修す。……一得永得大安楽《いっとくようとくだいあんらく》の為《ため》に、一世幻化《いっせげんけ》の身《み》を苦《くる》しめて仏意《ぶつい》に……随《したが》いゆけば、自然《じねん》に身安《みやす》く、行儀《ぎょうぎ》も尋常《おだやか》に、人《ひと》目《め》も安《やす》き也《なり》。……一向仏制《いっこうぶっせい》に順《したが》うべきなり。

と言うのである。

世間の人は天帝（神）の心に一致しようと考え、破れごろも（衲子）の禅僧は仏の心に一致しようとして修行する。一度身に着いたら永遠に消えない安らかな悟りの世界のために幻のようなこの人生で、我が身は苦しくても、仏の心に従って行けば、知らぬ間に、身も心も平安になり、立ち居振舞も穏やかになり、人が見ても落ち着いて来るものである。従って、ひたすら仏の決まりに従うべきだ。

これが、如浄禅師の厳しい指導の読み方なのである。

これは努力主義なのだろうか。努力して悟りを獲得しようと言っているのだろうか。結論的に言えば、心底仏を信じ、わがままという自我を突き放す、その対決の厳しさを求めているのである。

「身を苦しめる」とは、角《かど》が取れるまで徹底的に自我を削ることを言っているのである。この努力は、信じられない自我を削り、徹底的に信じられるまでなりきろうという、対決の努力なのである。

すると、法然、親鸞聖人の一向念仏の信と、ここで言っている「衲子は仏意に合せんと修す」ということと、如浄禅師の努力とは同じことを言っていることがわかるのである。

28　煩悩が消えたら仏に出会っている――如浄禅師と師弟の契り

もし一欲一蓋《いちよくいちがい》を除《のぞ》かば、則《すなわ》ち巨益《こやく》なり。仏祖《ぶっそ》と相見《しょうけん》するの時節《じせつ》なり。

（『宝慶記《ほうきょうき》』「一五・一六」）

太白山天童景徳寺で道元禅師が如浄禅師に初めて面会したのは中国暦宝慶元年（一二二五）、道元禅師二十六歳の五月一日である。

その日から、二年後に中国を去るまでの間に如浄禅師に会い、質問し、指導を受けたことを問答の形のままメモにし、これを『宝慶記』と題していた。それは、道元禅師が亡くなった年の十二月に、遺品を整理していた弟子の懐弉《えじょう》が見つけた。

内容は四十五件あり、来世はあるか、悟りは個人個人の体験でよいのか、初心者の仏教の学び方とか、因果と業《ごう》や、長髪・長爪はいいか、僧がペットを飼ってよいか、坐禅中の経行《きんひん》（足を休めるための歩行）の仕方など、たくさんある。

その最初は質問を許可してもらうお願いである。自分の発心・求道のいきさつと、万里の波頭を経て面会出来る感動を述べ、無常であるから疑問があった時、質問に来ることを許してほしいという願いを最敬礼の表現で申し上げている。それに対して如浄禅師は、以後、時間、服装に構わず質問に来るようにという許可を与えている。

その後の、「二五・一六」の対話である。

如浄禅師は、身心脱落《しんじんだつらく》とは、坐禅のことである。ひたすら坐禅をする時、五欲を離れ、五蓋《ごがい》を離れることが出来る、と言って指導したという。

脱落とは解脱ということであるから、体から来る拘り《こだわ》、心から来る拘りから解放されるのが坐禅だという。その拘りが五欲・五蓋である。

五欲とは、（A）色《しき》（物・体）、声《しょう》、香《こう》、味《み》、触《しょく》（感触）の五つの外界の刺激と共鳴する欲望という意味と、（B）財欲、色欲《しきよく》（性欲）、飲食欲《おんじきよく》、名欲《みょうよく》（名誉欲）、睡眠欲《すいみん》（怠惰欲）の五つという二種類あるが、そのどちらをも指しているであろう。

五蓋の「蓋」とは蓋《ふた》をするという意味で、心に蓋をして仏心を働かせなくするものということである。五蓋とは、貪欲蓋《とんよくがい》（欲望）、瞋恚蓋《しんに》（怒り）、睡眠蓋（怠惰）、掉悔蓋《じょうご》（のぼせと鬱《うつ》）、疑蓋《ぎ》（真実に対して迷う）の五つである。

坐禅は、体と心から来る二種の五欲と、五蓋から解放されることであるという。これが如浄禅師の指導であった。

道元禅師はこれに疑問を持ったのである。それで質問に行く。五欲・五蓋を取り除くなどというのは教理仏教の方法ではないか。あるいは努力して煩悩を取り除くという考え方の小乗仏教と、仏心を信ずる大乗仏教との兼修なのかという疑問である。

すると、如浄禅師は、仏陀と祖師の法孫なのだから、大乗も小乗もえり好みするのは間違いである、と言う。小乗も教理も否定したら仏教ではなくなるという柔らかい心である。

そこで道元禅師は更に質問する。煩悩はそのまま菩提だから、煩悩をえり好みして取り除こうとするのは小乗仏教になってしまいはしないか、と主張する人がいる、と訊《たず》ねる。

すると、如浄禅師は、
もし一欲一蓋を除かば、即ち巨益なり。仏祖と相見する時節なり。
と言う。たった一つの欲望だってそう簡単に離れられるものではない。だったらそのたった一つの煩悩から自由になっただけでも巨大な利益である。そして、煩悩から解放された時、あなたは仏に出会っているのだよ、と言うのである。
仏陀の悟りは解脱・涅槃という。煩悩が働き出す以前の、完全な静寂に、あなた自身がなっていることが禅であり、禅は誰でもそれになれるというのである。そして、その静寂が信じられることである。その静かな喜びこそ「仏祖と相見」していることだと言う。

29　尽虚空《じんこくう》ことごとく悟りとなる——不染汚《ふぜんな》の心

参禅《さんぜん》は身心脱落《しんじんだつらく》なり。焼香《しょうこう》・礼拝《らいはい》・念仏《ねんぶつ》・修懺《しゅさん》・看経《かんきん》をもちいず。
（『永平広録』「六・四三二」『正法眼蔵』「弁道話」）

後に日本に帰ってごく最初の頃に書いた『正法眼蔵』「弁道話」の中でも印象深い言葉がこれであるが、実は如浄禅師の言葉だったのである。

如浄禅師は、坐禅は「身心脱落」することであるという。身心脱落については前節で述べた。そして、焼香・礼拝・念仏を利用する必要はないというのである。

それはどういうことであろうか。

それを『正法眼蔵』「弁道話」では、「身心浄明にして、大解脱地を証し、本来の面目現前す……」と解説している。

身も心も清らかで、煩悩自我から解放され、命の本来の静寂・落ち着きが実現してくるというのであるから、仏陀の解脱・涅槃にあなた自身がなることだと言っているのである。

その静寂は、心が概念や観念や欲望に染まって汚れる以前の、純粋にものが見える状態のことである。それを「不染汚」という。

それとの対比で、焼香・礼拝・念仏を利用する必要はない、と言うのであるから、これらはこの静寂である解脱涅槃自体ではないと言っているのである。別に焼香・礼拝・念仏あるいは懺悔の儀式や、お経を声に出して読むというような行為が不必要だと言っているのではない。

人間の自我という色眼鏡による焼香・礼拝・念仏を積み上げて行ったら悟りに至るということはない。

その逆で、坐禅によって、仏の無我・空の世界である不染汚な静寂・身心脱落の世界が信じられたら「尽虚空ことごとく悟りとなる」と、道元禅師は解説する。無心無我になれたら何もかも悟りであり、真実になるという。

そうすると、その無心無我を確かめ、その静寂が働き出して焼香・礼拝・念仏、その他の日常の働きになるということである。

如浄禅師はこの後に仏陀の「毒箭《どくせん》の譬喩《ひゆ》」を取り上げている。

ある人が毒矢に撃たれた。医師が急いで抜こうとしたら、その人は「待て」と言い、これはどこのだれが、どういう材料の箭《や》で、どんな毒か、それがわからなければ抜いてはいけない、と言ったらその人は死んでしまうだろう。

そのように、悟りや修行の功徳などについて、観念論を議論していたら、いつ死ぬかわからない人生で、自分の命の根源的な安らぎそのものに今ならないで、いつ悟りに出会えるというのか、と問い掛ける。

一直線に仏陀の解脱・涅槃と一致し、信じられ、その光が照らし返して一切の生きる場が輝いてくるのだと言っているのである。これが、如浄という人の「曹洞系」の禅の在り方だったのである。

30 身心脱落・脱落身心——悟りの証明

道元《どうげん》、大宋宝慶元年乙酉《だいそうほうきょうがんねんきのととり》五月一日《がつにち》、はじめて先師天童古仏《せんしてんどうこぶつ》を礼拝面授《らいはいめんじゅ》す。やや堂奥《どうおう》を聴許《ちょうこ》せらる。わずかに身心《しんじん》を脱落《だつらく》するに、面授《めんじゅ》を保任《ほにん》することありて、日本国《にほんこく》に本来《ほんらい》せり。

（『正法眼蔵』「面授」）

道元禅師が悟りを開いたのは「身心脱落」という言葉であった。如浄禅師が坐禅中に居眠りをする僧に「坐禅は身心脱落である」と言った言葉を聞いた後、道元禅師は袈裟を掛けて、如浄禅師の部屋である妙高台《みょうこうだい》にゆき、焼香する。「何のために焼香するのか」という如浄禅師の言葉に「身心脱落し来る」と申し上げると、如浄禅師は微笑して「脱落身心」と言ってそれを認めたという。そこで道元禅師は、これは一時の技ですから、和尚さん、みだりに許さないで下さい、と申し上げると、如浄禅師は「私はみだりに認めたりはしない」と言う。そこで、みだりに許さないという心は何ですか、と問うと、「脱落脱落」と証明されたという。

脱落さえも脱落したということは、心底拘《こだわ》りのない世界に安住し、それがしっかりと認識になっている、という意味であろう。

如浄禅師は、身心脱落とは柔軟心《にゅうなんしん》であり、それが仏祖の心であると言っている。（『宝慶記』「三二」）

柔軟心というのは、柔らかい心であるから、拘《こだわ》らず、自我に硬直せず、対象とつかず離れず接して行ける自由さのことである。

そういう静寂な世界が実現し、そこに安住し、そこが信じられるということである。それを師が確かなものとして認め、弟子はそれを確認して智慧と体験の原点として受け継いで行くのである。その人格と人格で確かめるのを面授というのである。

禅は、無心という悟りを証明するのは、無心になり得た人が証明するより他に仕方がないと考えている。従って人格から人格へという悟りの証明書である「血脈《けちみゃく》」が重要になる。しかし、肝心なことは無心という仏の心それ自体になることであるから、証明書の土台は師と弟子の信であり、その根底は無心・静寂という仏との出会いである。

従って、面授というのは、如浄禅師と道元禅師の顔と顔の出会いの感動を通して仏の顔と一つになったことでもあったのである。その仏の心が私のものになって大切に維持して行くことを「保任」という。そうすると私の顔はもう私の顔ではない、仏の顔を伝えたのであるという。それを『正法眼蔵』「面授」では、

自己の面目は面目にあらず、如来の面目を面授せり。

という。こうして道元禅師はお釈迦さまの弟子の摩訶迦葉《まかかしょう》大和尚（マハーカッサパ）から数えて五十一代目の、仏法の継承者となったのである。

そして、如浄禅師は曹洞派の禅風を伝える人であった。二十八祖菩提達磨《ぼだいだるま》が中国に禅を伝え、三十三祖（唐土《とうど》六祖）の曹溪《そうけい》・大鑑慧能《だいかんえのう》禅師から広がり、その後、五代目の頃、臨済義玄《りんざいぎげん》禅師（～八六七）が鋭い家風で指導し、心の飛躍を促す臨済派と、黙々と労働し、坐禅していくうちに角《かど》が取れて本来の命に戻るというような指導の仕方の洞山良价《とうざんりょうかい》禅師（八〇七～八六九）の曹洞派、その他の五つの家風に分かれて行ったが、その中で如浄禅師の曹洞派の禅風においてこそ、悟りと人間の一致という仏教の大命題であり、かつ、道元禅師が十五歳で持った疑問に決着がついたのである。

31　全身空っぽの風鈴——空《くう》の生き方

風鈴《ふうれい》

渾身口《こんしんくち》に似《に》て虚空《こくう》に掛《か》かる。
問《と》わず、東西南北《とうざいなんぼく》の風《かぜ》。
一等《いっとう》、他《た》のために般若《はんにゃ》を談《だん》ず。
滴丁東了滴丁東《ちんりんとんりんちんりんとん》。

（『正法眼蔵』「摩訶般若波羅蜜《まかはんにゃはらみつ》」『永平広録』「九・五八」『如浄語録』『宝慶記』）

如浄禅師と道元禅師との意気投合を最も良く伝えているのが、この漢詩にまつわる話である。その経緯は『宝慶記』「三十四」に記録されている。この詩は『如浄語録』と『永平広録』ではいくぶん違っているが、『永平広録』の方がわかりやすい。

これは如浄禅師が、清涼寺で作ったものであったが、かなり多くの人に評価されたという。

ところがこの詩を知った道元禅師は、虚空というのは青い空のことだという人がいるが、その解釈に疑問を持って質問に行く。虚空というのは空の色を表わしているのだろうか、と。

すると如浄禅師は、虚空というのは般若のことだと教える。つまり空・無心の智慧のことである。するとこの詩は、こんなふうに訳せる。

(風鈴は)全身口ばっかりで(腹の中には何もなく)、何の引っ掛かりようもない空の世界にぶら下がっている。

人生や、この世の風が東西南北からさまざまに吹き付けるが、それにも一向に頓着《とんじゃく》せず(その風を縁として)。

ひたすら、人のためにこだわりなき空・無心を語り続けている。

ちんりんとんりんちんりんとん、と。

この漢詩の心こそ禅の空・無心を語っていると、道元禅師は感動して、この詩に出会ったことを喜び、このように禅の世界を歌ったものに今まで出会ったことがない、と感謝の礼拝をするのである。

すると如浄禅師は、今まで何人かの禅僧が評価してくれたが君のように禅の心として味わってくれた人はいなかった。これから、もし漢詩を作る時はこういうふうに作るといい、と指導するのであった。

如浄禅師の空・無心の禅と道元禅師の求める世界とがこうしてぴったりと一致していったようである。

こうして、如浄禅師に許されて、伝法の印に五代前の芙蓉道楷《ふようどうかい》禅師（一〇四三〜一一一八）から伝わる法衣、如浄禅師自身の肖像画（頂相《ちんぞう》）などを下さった。

船便の都合であろうか、帰りを急ぐことになったが、禅問答百則《そく》を集めた『碧巌録《へきがんろく》』の筆写が間に合わず、夜を徹して筆写していた時、神のような人（後に白山権現と言われる）が現われて手伝い完成することが出来た。こうした伝承もあり、これを「一夜碧巌」という。金沢の大乗寺に伝わっている。

こうして、宝慶三年、日本の嘉禄三年（改元して安貞元年・一二二七）の秋、道元禅師は二十八歳で天童山を辞去したのであった。その後、翌年の七月に如浄禅師は遷化《せんげ》（逝去）したのである。

第三章　高き色に会わんとおもう──求める人々

32　空手還郷――朝々日は東に出て当たり前に生きる

当下《とうげ》に眼横鼻直《がんのうびちょく》なることを認得《にんとく》して……
近来《きんらい》、空手《くうしゅ》にして還郷《げんきょう》す。所以《ゆえ》に山僧《さんぞう》、無仏法《むぶっぽう》なり。
任運《にんうん》に、且《しば》らく延時《えんじ》す。
朝《ちょう》々日《ちょうひ》は東《ひんがし》に出《い》でて、夜々月《ややつき》は西《にし》に落《お》つ。
雲《くも》、収《おさ》まって山谷《さんこく》静《しず》かなり。雨《あめ》、過《す》ぎて四山低《しざんくだ》れり。
三年《ねん》には必《かなら》ず一閏《いちじゅん》、鶏《とり》は五更《こう》に向《む》かって啼《な》く、と。

（『永平広録』「一・四八」）

道元禅師の入宋・帰朝に際して行動を共にしたであろう人は、通行証に廓然、亮照という二人の名があるが、薬を伝えた木下道正《どうしょう》、瀬戸焼きの元祖《がんそ》加藤四郎左衛門景正（藤四郎）などが、久我家の関係で同行していたらしい。帰路は中国人の大工で玄という人がついてきたという。

この時か、ないしは後に、中国僧の寂円《じゃくえん》という人が道元禅師を慕ってついてくる。

こうして一行は日本に帰るが、上陸地は肥後河尻《ひごかわじり》（熊本市の南）といわれる。

後鳥羽天皇の第三皇子といわれ、道元禅師の弟子であり、中国に禅寺視察に行っている間に道元禅師に死に別れた寒巌義尹《かんがんぎいん》（一二一七～一三〇〇）が、後にこの河尻に大慈寺を建てている。その他に太宰府《だざいふ》、島原半島、薩摩《さつま》の坊《ぼう》の津《つ》などの説がある。

山口県から福岡県にかけて、道元禅師の関する伝承・伝説がかなりあり、久我一族の末裔もいるという。後世に作られたものもあり、今日では確認できないものばかりである。

九州に上陸した一行は全員が一団になって京都に帰ったとは考えにくい。それぞれに縁故や所用や急ぐ人などがあって別々に行動したと考えていいだろう。

道元禅師はどうだったろうか。恐らく縁故者を頼りつつ挨拶をしながら来たかもしれない。後に道元禅師を京都に追いかけてくる若い尼僧の了然《りょうねん》さんは鳥取県倉吉市の明里一族の人である。明里一族は鎌倉から来ている。

それから推測すれば、久我家か松殿家と何らかの関係があって、山陰を海路か陸路で来たとしても不思議はない。

こうしてこの年の秋に京都の建仁寺に帰着している。そして、明全和尚の『舎利相伝記』と『普勧坐禅儀』と、その『由来書』を書いている。

道元禅師は何を伝えたのか。それを後にこう語っている。

私はかりそめに天童山の如浄禅師に会っただけで、この命のままで（当下）、眼は横に並び、鼻は縦についているという、当たり前のことを確認出来た。

最近、空手《からて》で国に帰ってきた。だから特別これが仏教だなどというものはない。

そして、縁に任せて月日を過ごした。

毎朝太陽は東から出て、毎晩月は西に沈む。雲が晴れると山がよく見え、雨が通り過ぎると四方の山が低く見える。三年に一度は閏年があり、明け方になれば鶏が鳴く。

これが道元禅師が伝えた禅であるという。眼が横、鼻が縦というのは事実を事実として認識して自我を差し挟まないことである。仏教の基本では「如実知見《にょじつちけん》」という。

雲晴れ、雨が通り過ぎた後、というのは、あるがままが良く見えるということである。

そして、毎日の現実であり、かつ、ごまかせない事実から逃げ出さないで、そこで空・無心になり、そこを大切に生きていく、これが禅仏教だから、その他に特別有り難い何かを伝えたわけではないと言っているのである。

33　道本円通《どうもとえんづう》——坐禅は仏と一体になる

道本円通《どうもとえんづう》、いかでか修証《しゅしょう》を仮《か》らん。宗乗自在《しゅうじじょうじざい》、なんぞ功夫《くふう》を費《ついや》さん。いわんや、全体迥《ぜんたいはる》かに塵埃《じんあい》を出《い》ず。孰《だれ》か払拭《ほっしき》の手段《しゅだん》を信《しん》ぜん。

（中略）

不思量底《ふしりょうてい》を思量《しりょう》せよ。非思量《ひしりょう》。これ即《すなわ》ち、坐禅《ざぜん》の要術《ようじゅつ》なり。

（『普勧坐禅儀《ふかんざぜんぎ》』）

建仁寺に帰るとその年のうちに坐禅の仕方と、その意味について書いている。立教開宗の宣言に当たると考えられている。

原文は漢文で、四六駢儷体《べんれいたい》といわれる、漢文の文章作法に基づいて作られている。坐禅儀は、中国でいくつか作られているが、仕方についても、考え方についてもそれぞれに一長一短があり、特に、悟りをどう捉え、悟りと修行の関係をどう捉えるかという点で、努力主義になったりしている。

そういう意味で、道元禅師が、真っ先に坐禅儀を書いて、曹洞の禅を明示したことはその立場を明確に人に示す出発点を確立したということになる。

仏陀の教えは（A）存在とは「縁起」「無常」「無我」である、ということが存在論の基本である。ものごとは条件の調和（縁起）である。条件によって成り立つものである限り存在とは、私の都合に関係なく変化（無常）するものである。縁起し、無常である限りものにも私にも実体や自我の本体などという不変なものはない（無我）。そのようにしてあるものごとは「空」であり、人間の都合（為）を超えているから「無為」であるといえる。

（B）ところが人間の現実は自我に染汚《ぜんな》して煩悩が「妄縁起」し、「自我」を中心に見るから、自分は変わらない（常）という錯覚に陥り、自己や、愛や実績・財産などが実体として「有」ると拘《こだわ》り、損得（有為《うい》）でなければ行動しない。そのために愚かさを繰り返し（輪廻）、苦に沈んでしまう。

（C）そういう愚かな自分が苦しくなった時、これではいけないという「智慧」が働いてきて、自分の命も心も関係もすべては多くのお陰であったと「縁起を悟り」、自分ものごともいつまでも同じではないという「無常」を悟り、「無我」になり、拘《こだわ》りを離れ「空になり」、損得を忘れて行動でき（無為になる）、迷い・煩悩から解脱することが出来る。

縁起・無常・無我・空・無為という真理はすべてに行き渡っているからのぼせ（染汚）をやめて見たら良い。そうしたら道は本来円通しているから、わざわざ努力して修行する必要はない。根本の教え（宗乗）は自由に誰にも働き得るのだから努力工夫する必要はない。ましていわんや、存在の全体は煩悩・自我の塵埃から超出しているのだから、それを払いのけようなどという努力主義を信ずる必要はない、と言う。

そして心（の主体）・意（の働き出し）・識（認識活動）の運転を止め、念（思い詰め）

・想（想像し）・観（観察）するというような働きはいずれも、対象に拘《こだわ》ることであるから、そうでない方へ心の眼を向けなさい、と言う。

そして、姿勢の調え方（調身）、呼吸の調え方（調息）、心のおきどころ（調心）を説く。呼吸というのは考えごとをしていると自然に浅くなる。従って心が外に向かわず、下腹に向いていないと深く呼吸出来ない。つまり調息は心を外から内に向けることである。

外界なり、考えごとなりの「対象」に向かって考えることを「思量」という。「不思量底を思量せよ」とは対象に向かった心の働きではなく、内面に向かうということである。

その時、外界や考えごとという対象から自由になる。眠っているわけではないが、外の刺激にすぐ反応しないでいられる自由さを「非思量」と言っているのである。ここにおいて、仏陀の解脱・涅槃・寂静《じゃくじょう》にあなたも立ち戻れるという証明が完成するのである。

34　善なら行ない言うべし――僧風の在り方

昔年建仁寺《そのかみけんにんじ》に初《はじ》めて入《いり》し時《とき》は、僧衆随分《そうしゅずいぶん》に三業《さんごう》を守《まもり》て、仏道《ぶつどう》の為《ため》、利他《りた》の為《ため》ならぬことをば言《い》はじせじと、各々心《おのおのこころ》を立《た》てし也《なり》。僧正《そうじょう》の徳《とく》の余残有《なごりあり》し程《ほど》は是《かく》の如《ごと》し。今年今月《こんねんこんげつ》は其義《そのぎ》なし。

今《いま》の学者《がくしゃ》知《し》るべし。決定《けつじょう》して自他《じた》の為《ため》、仏道《ぶつどう》の為《ため》に詮《せん》あるべきことならば、身《しん》を忘《わす》れても言《い》いもし行《おこない》もすべきなり。其詮《そのせん》なき事《こと》をば、言行《ごんぎょう》すべからず。宿老耆年《しゅくろうぎねん》の言行《ごんぎょう》する時《とき》は、若臘《にゃくろう》にては言《ことば》を交《まじ》ふべからず。仏制也《ぶっせいなり》。

（『正法眼蔵随聞記』「五・一〇」）

道元禅師は、建仁寺に落ち着いた。建仁寺は鴨川の東岸、五条通りの北、六波羅蜜寺の近くである。現在では祇園の裏、八坂の塔の近くと言ったらよい。

寛喜二年（一二三〇）までの、足掛け四年ここにいる。

栄西禅師が亡くなって十三年、明全和尚と道元禅師が中国に行ってから四年が経過していた。その間の住職、指導者が誰であるかははっきりしないが、ここにあげた道元禅師の言葉によると、もう建仁寺の雰囲気は、緊張に欠け、活気が消えかけていたようである。

特に言葉遣いで、それを感じていたらしい。

三業というのは、身《しん》・口《く》・意《い》のことである。人間の行動は、体と、口と、心の三つで行なう。あるいは自我や煩悩、習慣、コンプレックスなどは、この三つを通して出入りしている。

栄西禅師がおられる頃は、修行僧たちは身・口・意を守っていた。修行にならないことや、人のためにならないことなら、言うまい、するまいと、それぞれ心に誓っ（立てる）ていた。

それは、栄西禅師の人徳が残っていたからである。最近はそれがない。

今、仏教を学ぶ人（学者）は知るべきです。結局（決定）自分にも他人にも役立つこと、修行のためにものごとを明らかにすること（詮ある）ならば言いもし、行ないもすべきである。そうでないこと（詮なきこと）は、言ったり行動したりするべきではない。

先輩、長老、上座（宿老耆年）が話している時に、後輩、若い者（若臘・臘は十二月のことで年のこと）は口を挟むべきではありません。仏の定めた仏教徒のきまりです。

このような意味になる。建仁寺から巣立つ時が来るという予感を持ちながら縁が熟す時を待っていた時期である。

建仁寺滞在中の出来事としてわかっていることは、道元禅師が帰国し、京都に帰着する直前に育父通具が逝去している。そして、日本で最初の石像宝篋印塔（通称鶴の塔）を建てて生母と一門の供養をしたという。

また明全和尚の弟子が、明全和尚の遺骨を分けてほしいと懇願してきたために分骨して与えている。また、葛山景倫《かつらやまかげとも》という人が、源実朝と北条政子のために紀伊（和歌山県）の由良に西方寺を建て、その額字の揮毫を依頼されて書いている。

寛喜三年には松殿基房が八十六歳で亡くなっている。

35　生死《しょうじ》憐《あわ》れむべし休《きゅう》して又起こる――深草閑居の思い

生死《しょうじ》憐《あわ》れむべし休《きゅう》して又起《またおこ》る。

迷途覚路夢中に行く。
然りと雖も尚忘れ難き事あり。
深草閑居夜雨の声。

（『永平広録』「一〇・六九」）

道元禅師が中国に行っている間にも、日本ではいろんなことが起こっていた。自然災害では、一二二六年に旱魃、飢饉、疫病流行が起きている。次の、道元禅師が帰ってくる年には、二月に京都に大地震と寒波が襲っている。

宗教的には、国家体制の仏教と、新興の民衆救済型仏教との対立が、騒乱にまで発展し、金峰山《きんぶせん》の衆徒と高野山の衆徒、比叡山の衆徒が法然上人の墓を壊し、興福寺の衆徒と多武《とうの》峰《みね》の衆徒が争うという事件が起こっていた。

道元禅師が帰国して建仁寺内の塔頭《たっちゅう》の庵《いおり》から出て、山城《やましろ》・深草もと極楽寺のあったほとりの安養院という小庵に閑居したのは、寛喜二年（一二三〇）、禅師三十一歳といわれている。

極楽寺は母方の藤原一族が建てた寺であり、その別院の安養院は現在の伏見区墨染町の欣浄寺《ごんじょうじ》であるといわれている。京阪線墨染駅に近い。

この年の夏には暴風雨があり、翌年正月には四条辺りから西の洞院室町一体が全焼し、群盗横行、疫病流行し、大飢饉が起こり、死骸は道路に充満したという。

それに対する対策のとりようがない時代に、そうした恐怖心をどう静めるかは政治の大問題である。一つは怨霊鎮め。特に政変で島流しにした皇族の怨霊鎮めである。また、天運を改めるためによく行なう方法が年号を「改元」することである。一方、国家仏教側は、穢《けが》れの排除で悪魔を払おうと考える。神を穢したのは、民衆や病人や女人に近付く新興の異説であると断罪して、これらを排除しようとした。それが当時の宗教間対立の構造である。

兵部卿平信範の日記である『兵範記』に「仏法房（道元禅師）を比叡山の衆徒が恨んで、住まいを破棄し洛中から追放しよう」と申し合わせをしたということが記録されている。

この動きによって、縁故者の勧めなどがあったと考えていいであろう。これが建仁寺を出る決心を促した最大の理由であると推測されている。

「正法眼蔵」という言葉を冠した法語の最初はこの閑居時代に書いている。その中に、

激揚《げきよう》の時をまつゆえに、しばらく雲遊萍寄《うんゆうひょうき》し……、（『正法眼蔵』「弁道話」）

と言っている。真実の仏法を激揚する縁が熟するのを待つから、しばらくは雲のように、水草（萍）が岸に寄ったり離れたりするように自由に時を過ごそう、というのである。

災害も多いこの時代に閑居したことは食べることも貧しかったであろうが、それだけに人々の暮らしの近くにいて、時代と人間の救いを内省する熟成の期間であったのかもしれない。この時代に詠んだ漢詩が六首残されている。

その中には「涼風《りょうふう》　方《まさ》に度《わた》って秋《あき》の響《ひび》きを覚《し》る」というような清々しい小庵の様子を彷彿とさせるものもある。

その中でも良く知られている漢詩が標題の詩である。

迷い・煩悩・苦しみ（生死）は消えたと思ったらまた起こる。迷いと思えば、また悟り、悟りと思えばまた迷い、夢のように過ぎて行く。そういう暮らしではあるが忘れ

ることが出来ないことを胸に秘めている。（それは、人のためにこの仏正法《ぶっしょうぼう》を説き明かすことである。その思いを抱いたまま）深草の閑居で夜雨の声を一人味わっている。旧仏教の圧力の前で、人々の救いにどう答えるかを模索しつつ、伝道の言葉を用意していた時期であったに違いない。

36　蜂の花を採るに似たり――若き了然尼《りょうねんに》に語る

釈迦老師道《しゃかろうしいわ》く、「沙門《しゃもん》、聚落《じゅらく》に入《い》らんには、（托鉢《たくはつ》をする時《とき》）猶《なお》、蜂《はち》の花《はな》を採《と》るに、但《ただ》、其《そ》の味《あじ》を取《と》り去《さ》って、色《しき》と香《こう》とを壊《え》せざるが如《ごと》くすべし」と。…十二時中《じちゅう》、諸《もろもろ》の万像《ばんぞう》に対《たい》して、但《ただ》、其《そ》の味《あじ》を取《と》って色香《しきこう》を壊《え》することなかれ。

（『永平広録』「八・一二」）

これは了然という若い尼僧に与えた法語である。かなり長文な法語であるが、仏道修行は（第一に）自分を捨て、家を捨て、困難を飛び超えてこそ道と共鳴する。そうすれば、

（第二）自然が言葉になる。わざわざ対象・外界を変えるのでない。

（証拠として）ある僧が法眼禅師（八五五～九五八）に、仏とはなんですか、と聞くと、今ここを嫌わず疑わないことだ、と答えた。それで更に問う。一日をどう暮らしたら良いですか、と。法眼は、時、及び節に従うことだ、と答えた。

（その説明として）お釈迦さまは言った。修行僧が村に托鉢に行く時、蜂が花の蜜を採る時、蜜だけ取って色も香りも傷つけないように（供養の品のみをいただいて、善意を傷つけてはならない）と。

そのように、日常の十二時中のあるがままの生き方の中で、いろいろな対象と関わりつつ、自分の思いを相手に押しつけるのでなく、ものごとのあるがままを大切にしていくことが修行なのです、というようなことを教えたものである。

その中で「了然道者は志道が切であって、余輩（他の人）は肩を並べられない」と褒《ほ》めて、だからこそ「他の色香を壊せん」という。了然尼は熱心な余り、厳しかったのかもしれない。だからあるがままに対象を大切にするように説いたといえよう。

了然尼に与えたものは他に二点あり、その中には、了然尼は修行のために蓄えを惜しまない求道心がある。しかし、経典・祖録の言葉に拘《こだわ》ってはならない、と戒めている。それは学ぶために筆や紙を惜しまず購入して、筆写していたと考えてよかろう。

この法語は安養院に閑居した二年目の七月に、了然尼に与えている。つまり安養院に閑居してから、弟子入りしていることになる。最も早い弟子である。この法語は鳥取県倉吉市の明里家に保存されていた。それは、明里家が了然尼の出身の家であり、道元禅師没後、ここに帰って亡くなっているからである、と推定されている。

道元禅師の法を嗣《つ》いだ弟子として確かなのは、懐弉、詮慧、僧海、永貞寂光、了然の五人である。その五人のうちの一人が若い尼僧であったということは、道元禅師の仏教が、すべての人に悟りを約束するものであったと言っていいであろう。

後日談になるが、江戸時代に、面山瑞方和尚が、明里家においてこれを発見し、道元禅師の真筆であると伝記に書いたために、後に多くの禅僧がこれを拝みに行った。

しかし、最近の研究で、そっくりだが細かいところで違うということになった。それについて憶測を許していただくならば、了然尼をはじめ弟子たちは、道元禅師の書記役もしていたのではないだろうか。あれだけ膨大な法語を残したのであるから、当然、そうした手伝いがあったであろうし、それが重要な修行でもあったに違いない。

そうすればいつしか、筆跡は道元禅師のものにそっくりになって行く。了然尼に与える法語は、道元禅師の書を了然尼が筆写して晩年に持ち帰ったものではないだろうか。

37　欣求の志の切なるべき也――求める人々

一日学人問《にちがくにんとふ》て云《いわく》。……我身《わがみ》下《げ》根劣智《こんれっち》なればとて、卑下《ひげ》すべきにも非《あら》ずと聞《きこえ》たり。若《もし》、故実用心《こじつようじん》の存《そん》すべき様《よう》ありや、いかん。

示　云《しめしていわく》、……欣求《ごんぐ》の 志《こころざし》 の切《せつ》なるべき也《なり》。たとへば、重《おも》き宝《たから》をぬすまんと思《おも》ひ、強《こわ》き敵《かた》きをうたんと思《おも》ひ、高《たか》き色《いろ》にあはんと思《おも》ふ心《こころ》あらん人《ひと》は……とげずと云《いう》ことなき也《なり》。

高《たかく》とも射《いつ》べく、深《ふか》くとも釣《つり》ぬべし……若此《もしこの》心有《こころあ》らん人《ひと》は下根劣知《げこんれっち》を云《い》はず、愚鈍悪《ぐどんあく》人《にん》をも謂《い》はず、必《かならず》ず悟道《ごどう》す可《べ》き也《なり》。

（『正法眼蔵随聞記』「三・二〇」）

道元禅師の第一の弟子になるのは孤雲懐弉《こうんえじょう》（一一九八〜一二八〇）である。この人は、京都の藤原一族・九条為通の曾孫で、比叡山横川《よかわ》で出家し、奈良仏教、真言、浄土などを学んだが納得せず、多武峰《とうのみね》（奈良県桜井市）の仏地覚晏《ぶっちかくあん》に参じていた。

とくに、浄土教は道元禅師の異母兄証空上人に学んでいる。証空上人は道元禅師の育父通具と共に平教盛の娘「尾張」の子である。道元禅師の人脈が法然門下とふかく関わっていることがわかる。

仏地覚晏の師は大日房能忍《だいにちぼうのうにん》といい、独学で禅をはじめた人である。この人は栄西禅師と同年代の人で天台・律などを学んだが、禅に行き着いて経典などを頼りに独学で禅を始めた人である。無師独悟だと人から批判されて、自分の悟りを文章にして、弟子に持たせて阿育王寺に送り、悟りを証明してもらった人である。禅の家風としては臨済宗で、日本達《だる》磨宗《ましゅう》と唱えていた。

日本達磨宗は多武峰の仏地覚晏と、その弟子の越前（現・石川県金沢市）の波著寺《はじゃくじ》の懐鑑《かん》とが教線を張っていた。

懐奘《え》は覚晏の教えにも納得するところがなかった。そんな時、宋から仏法房道元和尚が帰って、曹洞派の禅を伝えたと聞いて、道元禅師が帰国した翌年に建仁寺に訪ねて対話をし、感動して直ちに入門しようとした。しかし、まだ自立していない道元禅師は、再会を約していったん帰らせた。

懐奘は後に、道元禅師が興聖寺を建てた一二三四年、正式に道元門下に入門する。道元禅師の二歳年上の弟子であり、禅師亡き後、二十七年に亘って永平寺を守り、道元禅師の著作を整理した人である。

深草安養院閑居の時代にも、訪ねてくる人はいたに違いないし、懐奘もときどきは訪ねていたのかもしれない。しかも、了然尼《りょうねんに》のような人もすでに求道心に燃えて入門していたということは、他にも数人はいたと考えてよいであろう。

道を求めるということは悟りにあこがれることである。それは、愚かな自分、迷いの現実に失望したからこそ、そうでない世界へ行こうという志なのである。そういうあこがれの人たちについて、道元禅師は冒頭のように語っていたのである。これは懐弉和尚が入門してから聞いた言葉であるが、こんな感動的な言葉を、道元禅師は語る人だったのである。

ある人が、自分は悟る能力がないらしい。しかし、お経には頭のいい悪いではないと書いてある。だとしたら、能力のない人間の修行のコツはなんですか、と訊《たず》ねたのである。

それに対して道元禅師は、全くその通り。悟りは下根劣知に関わらない、と言い、大切なことは「欣求の志の切なるべき」ことだと言う。「欣」は喜ぶということであるから、出会うことの喜びである。心がワクワクするような感動のある求めだと言う。その求めの心は、「たとへば、重き宝をぬすまんと思ひ、強き敵きをうたんと思ひ、高き色にあはんと思ふ心あらん人は……とげずと云ことなき也。高とも射べく、深くとも釣ぬべし」と言うのである。「高き色」とは、素晴しい色彩のことかと思ったら、水野弥穂子先生の注によると、女性のことであるという。素晴しい女性に会いたいというような、心の高揚を仏法に対して持つことだというのである。

38　人人の分上にゆたかにそなはれり——すべての人の救いを証明

諸仏如来《しょぶつにょらい》、ともに妙法《みょうほう》を単伝《たんでん》して、……すなはち自受用三昧《じじゅゆうざんまい》その標準《ひょうじゅん》なり。
この三昧《ざんまい》に遊化《ゆげ》するに、端坐参禅《たんざさんぜん》を正門《しょうもん》とせり。
この法《ほう》は人人《にんにん》の分上《ぶんじょう》にゆたかにそなはれりといへども、いまだ修《しゅ》せざるにはあらはれず、証《しょう》せざるにはうることなし。はなてばてにみてり、一多《いった》のきはなからんや。かたればくちにみつ、縦横《じゅうおう》きはまりなし。諸仏《しょぶつ》のつねにこのなかに住持《じゅうじ》たる、各各《かくかく》の方面《ほうめん》に知覚《ちかく》をのこさず。群生《ぐんじょう》のとこしなえにこのなかに使用《しよう》する、各各《かくかく》の知覚《ちかく》に方面《ほうめん》あらはれず。

（『正法眼蔵』「弁道話」）

深草閑居の安養院で、道元禅師は三十二歳の寛喜三年（一二三一）中秋の日に『正法眼蔵』「弁道話」を書き上げている。四百字詰め原稿用紙なら三百枚を越える著書である。「正法眼蔵」とは「正しい真理の眼」というような意味である。この「総題」を付した法語を、この後、二十年間に九十五巻書いた。しかも、経典・漢籍の引用部分以外は、基本的に和語で語り掛けようという試みである。

漢文が公用文の時代の知識人が仮名交じりの和語で主著を書こうというのであるから、そこにはなみなみならぬ決意と主張があったはずである。

教養人の世界に育った自分を反省して「つぶつぶ」と書こうというアイディアをこの時に実行し、第一歩を踏み出したのである。

「弁道話」は、禅の救いを論証し、具体的な疑問を十八項目取り上げて、一問一答形式で論を進めていくものである。

その最初の文章である。

諸仏如来は皆共に仏陀の教えと悟り(妙法)を、真実において一体となって(単)伝えてきた。真実において一体になるというのは、自分がそれになりきって喜ぶ三昧です。対象の刺激と内心の自我とが対立・分化する以前の寂静《じゃくじょう》の世界を自由に楽しむのは、端坐参禅が正門である。

この（真理）法は「人人の分上にゆたかにそなはれり」であるから、一切の人間は真実の中に包摂されているのだ、という。

とはいえ「いまだ修せざるにはあらはれず、証せざるにはうることなし」で、真実とは行動しなければ、それにならない。実行によって証明しなければ、真実を獲得することは出来ない。

自我に固まれば真実は働けないが、自我を「はなてばて（手）にみ（充）てり」で、一とか多いとか比較で限定（きは）出来ない自由に真実を働くことができるでしょう。語ればロに満ち「縦横きはまりなし」で真実は自由に働き出すでしょう。

あらゆる仏は、いつでもこの寂静・三昧の中に安住し護持しているから、いろいろな行動・生き方の方面に働きながら、これが悟りだなどという「知覚」の跡が残らない。

無限の衆生（群生）も永遠にこの寂静・三昧の悟りの中で、己の命を活用しているのだから、いろいろ自由に活動しながら、それが真実なのだという認識がいちいち（方面）に自覚されていない。

このような意味になる。大乗仏教としての禅の「存在は真実」であり、それになることが修行なのだという人間観を表明している。

39　無の施設かくのごとく可得なり――般若を説く

諸法《しょほう》を敬《きょう》礼《らい》するところに、「生滅《しょうめつ》無《な》しといえど」の般若《はんにゃ》、これ敬《きょう》礼《らい》なり。……無《む》の施設《せせつ》かくのごとく可得《かとく》なり。

（『正法眼蔵』「摩訶般若波羅蜜」）

年号が改まって天福元年（一二三三）、極楽寺跡に「観音導利院興聖宝林寺《かんのんどうりいんこうしょうほうりんじ》」を開創する。藤原教家と正覚尼という人との要請によって本格的禅道場を建立する決心をして、広く勧進して、この年に落成したのである。一説では仏殿はもとからあったという説もある。

場所は安養院の北方、伏見稲荷の南の松山の麓で、現在は日蓮宗別格本山宝塔寺があるところだと言われている。

この他に「興聖寺」と言われている寺は二つある。道元禅師は四十四歳の時、突然ここを捨てて越前に行く。その後、近江の佐々木信綱が懐弉《えじょう》を招いて開いたのが滋賀県朽木村の興聖寺である。更に下って、江戸時代初期に万安英種が山城の国主永井尚政の発願で道元禅師初開の道場を復興しようとして、宇治川の北に土地を寄進してもらって興聖寺とした。

この年、初めての「夏安居《げあんご》」を修行している。安居というのは、お釈迦さま時代に、沙門たちは基本的には村々街々を托鉢遊行して過ごすが、四月中頃から八月に掛けての雨季は洪水も多く、虫が多くて踏み殺す危険もあるので、一か所に集まって集団で修行をすることになった。これを雨安居《うあんご》とか夏安居という。中国にきてからは、西域地方で冬安居が取り入れられた。

興聖寺で初の夏安居が行なわれた。安居僧が何人であるかはわかっていないが、ここで道元禅師は、「般若心経」を取り上げて提唱する。

仏陀の安居の中にいた一人の僧が、智慧も、戒律も、禅の静寂も、解脱もとらわれようはないと言うが、しかし、そこから悟りがやってくるのであるから、空・無で拘《こだわ》りようがないという般若の智慧を礼拝しようと考えた。

仏陀は、善し善し、智慧とはそういうものだ、と言った、という事例を取り上げて、空の智慧とは人間の概念を超えている（生滅無し《しょうめつな》）が、すべてを有り難いと拝む（諸法を敬礼）ところに実現している。その時、無を確認し教えること（施設）は可能（可得）である、と言うのである。

有り難いと受け取るところに「無」は働いているというのである。

道元禅師は、悟りは概念で捉えられないのだから、言葉で教育することは出来ないと言う一部の禅者を批判している。そういう考え方は、個人の情緒的体験を悟りにしてしまう、今日の新々宗教にも共通する態度である。

これを批判して、言葉で示せなかったら、純正な真理を維持することは出来ないと言っている。般若の「空・無心」を拝む心に「無の施設かくのごとく可得なり」と教えたのである。

40 仏道をならふといふは、自己をならふなり――鎮西の楊光秀に与える

仏道《ぶつどう》をならふといふは、自己《じこ》をならふなり。
自己《じこ》をならふといふは、自己《じこ》をわするるなり。
自己《じこ》をわするるといふは、万法《ばんぽう》に証《しょう》せらるるなり。
万法《ばんぽう》に証《しょう》せらるるといふは、自己《じこ》の身心《しんじん》および他己《たこ》の身心《しんじん》をして脱落《だつらく》せしむるなり。
悟迹《ごしゃく》の休歇《きゅうけつ》なるあり、休歇《きゅうけつ》なる悟迹《ごしゃく》を長長出《ちょうちょうしゅつ》ならしむ。

（『正法眼蔵』「現成公案」）

天福元年中秋の頃、鎮西（九州）の俗弟子楊光秀という人に、これを書いて与えた、という奥書きのある法語が「現成公案」である。楊光秀という人物がどういう人であり、ど

んな縁があるかなどはわかっていない。しかし、これだけ高度な教えを特別に書いてもらっているということは、かなり深く聞法していて、その信心の深さを道元禅師も許していたに違いない。

こうした優れた求道者が、すでに興聖寺に大勢集まっていたということであろう。

これは、人間と悟りの関係を平明に、明快な仮名交じりの和語で書いた有名な巻である。この文の前に、（一）ものごとが仏の呼び掛けとして聞こえる時は、悟りと迷いと修行、生と死、仏と衆生というように対立的に見えてくる。

（二）ものごとに無心・無我でいられる時は迷いと悟り、仏と衆生、生と死などが対立として感じられない。

（三）仏道は本来相対を超えたものだから、生と死、迷いと悟り、衆生と仏の違いがあって、（それぞれが、悟りと出会う場である）だから、花が散れば悲しみ、草が生えれば嫌悪心が働くのである。

（四）①自分（自我）を当てはめてものごとを行なうのが迷いであり、

②あるがままなものごとが、私を突き動かして、真心を実践させるのが悟りである。
③迷いを悟るのが仏である。
④悟りに気付かないのが衆生なのである。
⑤更に悟りの中で悟る本物の人（漢）がいる。
⑥人間の現実（迷い）の中で、それを助けようと迷う（慈悲）本物の人（漢）がいる。
というような文章の後に「仏道をならふといふは」という言葉が出てくる。

仏教を学ぶということは、自分とは何か、私はなぜ死ぬのか、なぜ意地悪をしてしまうのかなどを学ぶことである。そして、自己がわかるということは、無我になることである。無我とはあらゆるものごとの真実（万法《ばんぽう》）に突き動かされる（証）ことである。それは自分と対象との対立を忘れることである。その時、悟り臭さの跡がない（悟迹の休歇なる）という生き方があり、臭みのなくなった悟りをいつでも、どこでも、だれにでも（長長出）働かせて行くのである、と言っている。

これが無我の在り方だと明快に説いている。

41　あなたの風が大地を黄金にする――仏の命を熟成させる

風性《ふうしょう》は常住《じょうじゅう》なるがゆえに、仏家《ぶっけ》の風《ふう》は大地《だいち》の黄金《おうごん》なるを現成《げんじょう》せしめ、長河《ちょうが》の蘇酪《そらく》を参熟《さんじゅく》せり。

（『正法眼蔵』「現成公案」）

鎮西の楊光秀さんに与えた「現成公案」という法語は最後に、麻谷山宝徹禅師（八～九世紀）の禅問答を取り上げる。

真夏の暑い時であろうか、宝徹禅師が扇を使っていると、修行僧が質問をする。

「風性常住、無処不周《むしょふしゅう》なり。なにをもてかさらに和尚あふぎをつかふ」。

師いはく「なんぢただ風性常住をしれりとも、いまだ処として周《あまねから》ずといふことなき道理をしらず」、と。

僧いはく「いかならんかこれ無処不周底《てい》の道理」。

ときに師、あふぎをつかふのみなり。

僧礼拝す。

常住というのは「いつでもある」ということである。無処不周というのは「処《ところ》として周《あまね》からずと言うことなし」と読んで、「どこにでもある」という意味である。

風の性質とは空気であるから、確かに、いつでもあるし、どこにでもあると言える。だったらなぜわざわざ団扇《うちわ》であおる必要があるのかという質問である。これは風のことを問題にしているのではなく、悟りのことである。仏の真理・真実はいつでもどこにでもあるというが、それならなぜわざわざ修行するのかという質問である。

それに対して、宝徹禅師は、「君はいつでもあることは知っているが、どこにでもあるということは知らないようだ」と答える。

そこで「どこにでもあるということはどういうことですか」と聞く。すると、宝徹禅師は、黙って団扇であおった。

それを見て僧は納得して礼拝した、というのである。

いつでもあるものを、今ここであらしめるのは、あなたがそれを行動することである、という意味である。

仏の命と心である無心を、あなた自身が実現させた時、それは「仏家の風は大地の黄金なるを現成せしめ、長河の蘇酪を参熟せり」で、大地の黄金のような輝きを実証・実現させ、大きな川の蘇酪のように美味《おい》しい豊かな水を熟成させているというのである、というのである。

生活のあらゆる場面で、あなたの行動が無心になって、仏の命を熟成させているのだということである。

42 無常を観ずるは菩提心――学道の用心

龍樹祖師曰《りゅうじゅそしいわ》く、唯《ただ》、世間《せけん》の生滅無常《しょうめつむじょう》を観《かん》ずる心《こころ》も亦《ま》た菩提心《ぼだいしん》と名《な》づく。

（中略）

誠《まこと》にそれ無常《むじょう》を観《かん》ずる時《とき》、吾我《ごが》の心生《しんしょう》ぜず、名利《みょうり》の念起《ねんお》こらず。

（『学道用心集』「一」）

道元禅師が、興聖寺を開き、初めての安居《あんご》を行なった天福元年は、関西に大雨が降り、鴨川が氾濫した。相当の被害があったであろう。そこで翌年は文暦《ぶんりゃく》と改元される。

文暦元年（一二三四）、道元禅師三十五歳春に、集まっている雲水のために『学道用心集』を書く。これは漢文で、全体一〇章から成っている。

その最初の言葉が表記の言葉である。

龍樹（ナーガルジュナ、二～三世紀の人）は「無常を観ずることは菩提心だ」と言った。確かに、私は死ぬ、人が死ぬ、という厳粛で逃げられない事実の前に立った時、人間はエゴが起こりようがないし、面子《めんつ》、自尊心など起こる隙がない、というのである。

学生に死に関して感想文を書いてもらって分類した時、自分が死にそこなった、家族に死なれた体験がある、大切な友人・先生などに死なれた体験がある、というような直接体験のある人は、死を空想観念で説明していない。それに対して、間接的体験の人は、観念・空想で説明し、死の前を自分のために生きようとする。ところが直接体験の人は、自分のためでなく、大切な家族、友人、恋人のためにつくし、後悔しないようにしたいという考えが圧倒的に多くなることがわかった。

無常という厳粛な事実に照らされるということが、自我を捨てられ、自我・煩悩でない世界に出会う一番早道なのである。

煩悩に気付き、それを超えたいという願いの心（菩提心）を起こすには「無常」を観ずることが一番大切であると言っている。

43　志がなければ仏語は聞こえない――仏教の学び方

忠臣一言《ちゅうしんいちげん》を献《けん》ずれば数《しばしば》廻天《かいてん》の力《ちから》あり。仏祖一語《ぶっそいちご》を施《ほどこ》せば心《こころ》を廻《めぐ》らさざる人《ひと》なし。自《みずか》ら明主《めいしゅ》に非《あ》らざれば忠言《ちゅうげん》を容《い》るるなく。自《みずか》ら抜群《ばつぐん》に非《あ》らざれば仏語《ぶつご》を容《い》るるなし。

（『学道用心集』「二」）

心底国を憂える人格者の大臣が、真実のこもった忠言を申し上げたら、しばしば国王

（天）の心を変える力がある。また、仏や祖師が真実語を人々に布施したら、心を改めない人はないであろう。

しかし、優れた王様（明主）でなければ、大臣の忠言を受け入れることは出来ないでしょう。同様に、群を抜きんでた求道心の人でなければ、仏の言葉を受け入れることは出来ないであろう、というのである。

これは漢文であるが、読んでいても心に響くリズムがあり、力強い文章である。

心底あこがれ、求める心を持たないと悟りは見えてこないのである。

44　行を迷中に立て、証を覚前に獲る——求めることの中にある

俗《ぞく》に曰《いわ》く、学《まな》べば禄《ろく》その中《なか》にあり。仏言《ぶつのたまわ》く、行《ぎょう》ずれば証《しょう》その中《なか》に在《あ》りと。識《し》るべし、行《ぎょう》を迷中《めいちゅう》に立《た》て、証《しょう》を覚前《かくぜん》に獲《う》ることを。

（『学道用心集』「三」）

世間の言葉に、勉強すれば給料はその中に約束されている。仏さまは言った、仏の道を行なえば悟り（証）はその中にすでにある。

だから知るべきである。迷いの中で、救いを求める行動を始めた時、じつは本人が自覚する前に仏心は働き出していて、そこに証明されているのである、と。

何かしら、写経でもしてみたい、坐禅でもしてみたい、お経でも勉強してみたいという心が動き始めるのはなぜであろうか。

「……でも」という気持ちが動くのは、その時、間違っている自分、苦しい自分に気付いているからである。だから「でも坐禅」「でも写経」大いにけっこう。その時、あなたは自分で気が付く前に、もう仏心は働き出して、仏心を証明しているのである。

だから、自らの心のかすかな声に素直に従って一歩を踏み出して見なさい、と、道元禅師は言っているのである。

45　心操を調うるの事もっとも難し——心を澄ませ

骨《ほね》を折き《くじ》髄《ずい》を砕《くだ》くこともまた難《かた》からざらんや。心操《しんそう》を調《ととの》うるの事《こと》もっとも難《かた》し。長斎梵行《ちょうさいぼんぎょう》もまた難《かた》からざらんや。身行《しんぎょう》を調《ととの》うるの事《こと》もっとも難《かた》し。

（中略）

参師聞法《さんしもんぽう》のとき身心《しんじん》を浄《きよ》うし、眼耳《げんに》を静《しず》めて、唯《ただ》師《し》の法《ほう》を聴受《ちょうじゅ》すべし。

（『学道用心集』「六」）

骨を砕くほどの難行は難しくない。難しいのは心という操を整えることである、と言う。何年も身を慎み（斎）、魚肉を食べず戒律を守るのは難しくはない。難しいのは、四六時中の暮らしの中で身の行ないを整えることである。

師について、師の教えを聞く時、身も心も清らかにして、眼も耳も五感のすべてを静めてひたすら（唯）聞くのである。そうすれば自《おの》ずとわかってくるのである、と道元禅師は言っている。

46　観音流れをかえして所知を亡ず——私と仏は響き合う

身心《しんじん》を調《ととの》えて以《もっ》て仏道《ぶつどう》に入《かえ》る也《なり》。釈迦老師《しゃかろうし》云《いわ》く、観音《かんのん》流《なが》れを入《かえ》して所知《しょち》を亡《ぼう》ずと。
動静《どうじょう》の二相《にそう》了然《りょうねん》として生《しょう》ぜざる、即《すなわ》ちこれ調《ちょう》なり。

（『学道用心集』「六」）

身と心を調えてこそ仏道に入れるのであると言う。それについてお釈迦さまは言っている。観音さまへの祈りの呼び掛けは、呼び掛ける私と、それに応え、あるいはそれ以前から私を包んでいて、私に呼び掛けていてくれた観音さまと、その感応は、共に流れ込み合っていたのである、と。そのように、身心を調えようとする私の自覚と、身心が本来の静寂から呼び掛けていてくれたから私は気付いたのと、不思議な応答なのである。

そして、活動なのか静寂なのか、その境目がはっきりしない。つまり活動しているのに、全身心が落ち着いている。それが調うということである、と言う。

釈迦老師云《いわ》く、というのは『首楞厳経』の言葉である。

47　外相を以て内徳の有無を定むべからず——真の帰依とは

僧《そう》と云《い》はば、徳《とく》の有《う》無《む》を択《えら》ばず。只《ただ》供《く》養《よう》すべき也《なり》。殊《こと》に其《そ》の外《げ》相《そう》を以《もっ》て内《ない》徳《とく》の有《う》無《む》を定《さだ》むべからず。

（『正法眼蔵随聞記』「二・二三」）

懐弉《えじょう》和尚が興聖寺僧団に正式に入門したのは文暦《ぶんりゃく》元年（一二三四）冬である。それから数年に亘って、道元禅師のそばにいて、来客との会話や、弟子たちの質問、夜の法話などを聞き書きしたものが『正法眼蔵随聞記』である。世間的な問題であったり、細やかな疑問であったり、思い出話であったりして、生き生きとしたものである。

ある在家の人がやって来て、坊さんや仏を供養しても「不吉」のことが起こるので仏教への帰依はやめようと思う、と質問した。それに対して道元禅師はこう言う。

それは坊さんの罪ではない。供養する側の誤解である。外見で坊さんを見て立派そうな人に供養しようという「差別《しゃべつ》の心」や欲望のために、仏徳と感応しないのである。

僧とは仏の教えを信じた人間なのだから、僧であること自体が仏・法・僧の三宝を現わし、空・無心を表現しているから、帰依する人は、自我を捨てて三宝に帰依するのであるから「外相を以て内徳の有無を定」めず供養する時、功徳の感応があると言うのである。
そして「冥機冥応、顕機顕応、冥機顕応、顕機冥応」という経典の言葉を教える。眼に見えない働きに眼に見えない感応があり、見える働きに具体的感応があり、見えない働きに見える感応があり、見える働きに見えない感応がある。見えない感応を忘れてはいけないという教えである。

48　保証人など引き受けるべきか——世間と出家の関わり

或《あるい》は人《ひと》に物《もの》を乞《こい》、或《あるい》は訴訟等《そしょうとう》の事《こと》をも云《い》はんとて、一通《いっつう》の状《じょう》をも所望《しょもう》すること出来《いできた》るに（私は出家で非人だからと世間体で断ったら）猶是《なおこれ》我執《がしゅう》名聞也《みょうもんなり》。

（『正法眼蔵随聞記』「二・二四」）

これは、世俗と仏教者の関係についての質問である。

人が、困ったことがあって、ものを貸してほしいとか、訴訟ごとがあるとかで、紹介状か保証書か、手紙などを書いてほしいということがある。その時、私は出家で非人だからと、世間体を気にして断ったら、それはいけない。

「只眼前《ただがんぜん》の人《ひと》のために、一分《いちぶん》の利益《りやく》は為《な》す」べきであり、人の眼を気にせずなすべきである。それなのに、何かあって仲たがいしても困るなどと心配して協力しないのはおかしい。外見的には、僧侶として分不相応なことに見えるが（相手が困っているなら）それも「内《うち》には我執《がしゅう》を破《やぶり》て名聞《みょうもん》を捨《す》つる、第一《だいいち》の用心也《ようじんなり》」と言う。

それに対して、懐弉《えじょう》は質問する。それが善事なら、その人のためと断り書きをするのもよいが、依頼自体筋が通らず、たくらみがあって悪事の時はどうしたらよいか、と。

答えて言う。そのことが理であるか非であるかは、依頼された人間の分ではない。手紙の先が自分を信頼している人の場合、依頼人の不心得な願いを一応聞いて、断り難いわけを手紙にも書いて道理に任せるがよい。これも我執を捨てる道であると語るのである。

49　仏法に志あれば来て学すべし――宗教の押し売りは下心がある

或人《あるひと》すすみて云《いわく》、仏法興隆《ぶっぽうこうりゅう》の為《ため》、関東《かんとう》に下向《げこう》すべし。……然《しか》らず。若仏法《もしぶっぽう》に志《こころざし》あらば、山川紅海《さんせんこうかい》を渡《わたり》ても、来《きたり》て学《がく》すべし。

（『正法眼蔵随聞記』「三・一三」）

訪問した在家の聞法者《もんぽうしゃ》であろう。このように素晴しい教えなら、ぜひ、鎌倉の執権家に行って説法すべきではないですか、と勧めて言ったという。

それに対して、聞こうという志のない人に押しかけて勧めても、聞く耳は持たないものである。自分の施主を獲得するためか、世間人を迷わせる（枉惑《おうわく》）ためか、布施を獲得するためか。これらは、自分自身を苦しめることだから、どうしてそのようなことはあり得ようか、と答えている。

それを「若仏法に志あらば、山川紅海を渡ても、来て学すべし」と言うのである。それは権力者への接近ばかりではなく、一般に対しても同様であると理解すべきであろう。

宗教はいつの時代でも押し売りがある。その裏には必ず下心がある。宗教とは、苦しみ迷いの人が、それを解決・解消し、自己存在の落ち着き場所を得ることである。その答えの与え方が、感覚的な神聖性であったり、精霊信仰による論理の宇宙観であったりする。それは相当昔からある。

根源的な問いから求めてこそ、真に仏法の答えが人を救うのである。

50　人の心、元善悪なし——心の不思議

人《ひと》の心《こころ》、元《もと》善悪《ぜんあく》なし。善悪《ぜんあく》は縁《えん》に随《したがい》ておこる。仮令《けりょう》、人発心《ひとほっしん》して山林《さんりん》に入《い》る時《とき》は、林下《りんか》はよし、人間《じんかん》はわるしと覚《おぼ》ゆ。又退心《またたいしん》して山林《さんりん》を出《で》る時《とき》は、山林《さんりん》はわるしと覚《おぼ》ゆ。是即《これすなわ》ち決定《けつじょう》して心《こころ》に定相《じょうそう》なくして、縁《えん》にひかれてともかくもなる也《なり》。故《ゆえ》に善縁《ぜんえん》にあへばよくなり、悪縁《あくえん》に近《ちか》づけばわるくなる也《なり》。我《わ》が心《こころ》、本《もと》よりわるしと思《おも》ふことなかれ。只《ただ》、善縁《ぜんえん》に随《したが》ふべき也《なり》。

（『正法眼蔵随聞記』「六・一七」）

心について、見事に言い当てている。仮令というのは、仮にということで、例えばというような意味である。発心して隠遁して町から山林に閑居しようとした時は、山はいい、人間界は良くないと言う。しかし、飽きてきて山を降りる時は、山はおもしろくないと言う。人間の心などというものは決まった姿（相）をしていない。善悪の縁に引かれて兎（の耳）にも角《つの》にもなるものだから、善縁に従うべきである、と言う。

51　良き人の言葉にしたがえ――薫習《くんじゅう》する心

人《ひと》の心《こころ》は決定《けつじょう》人《ひと》の言葉《ことば》にしたがうと存《ぞん》ず。道心一度発《どうしんひとたびおこ》したる人《ひと》も、同《おな》じ事《こと》なれども、聞《き》くたびにみがかれて、いよいよよき也《なり》。況《いわん》や無道心《むどうしん》の人《ひと》も、一度二度《いちどにど》こそつれなくとも、度々重《たびたびかさ》なれば、霧《きり》の中《なか》を行《い》く人《ひと》の、いつぬるるとおぼえざれども、自然《じねん》に衣《ころも》のうるほふが如《ごと》くに、良人《よきひと》の言葉《ことば》をいくたび

も聞《き》けば、自然《じねん》に恥《はじ》る心《こころ》もおこり、真《まこ》との道心《どうしん》も起《おこ》る也《なり》。……善友《ぜんゆう》には、くるしくわびしくとも近《ちか》づきて、行道《ぎょうどう》すべき也《なり》。

（『正法眼蔵随聞記』「六・一八、五・四」）

これは、前項と同じ時に語られている。人間の心は人の心に染まるというのである。だから何回も聞けばますます良くなる。苦しく侘《わび》しくとも近付けと言う。それは霧の中を歩いていると、着物がしっとりするようだ、と言う。これは仏教で薫習と言う。香の香りが染《し》み込むようだというのである。比叡山は霧が深い。その経験から出た言葉のように思う。

52　勿体ないは貪欲か――清貧の心

或《あ》る時《とき》弉問《じょうとう》て云《いわく》。衲子《のっす》の行履《あんり》（生き方）、旧損《くそん》の衲衣《のうえ》等《とう》を綴《つづ》り補《おぎの》うて捨《す》てざれば、物《もの》を貪惜《とんじゃく》するに似《に》たり。旧《ふる》きを捨《す》て、当《あ》たるに随《したが》って（あるに任せて）すぐ（過）せば、新《あたら》しきを貪惜《とんじゃく》する心《こころ》あり。二《ふた》つながら咎《とが》あり、いかん。

答《こたえ》て云《いわく》。貪惜《とんじゃく》・貪求《とんぐ》二《ふたつ》をだにもはなれなば、両頭倶《りょうとうとも》に失無《しつな》からん。但《ただ》やぶれたるをつづりて久《ひさ》しからしめて、あたらしきを貪《むさぼ》らずんば可也《かなり》。

（『正法眼蔵随聞記』「三・二四」）

『正法眼蔵随聞記』を記録した二歳年上の懐弉《えじょう》和尚が、このように生活に即した細やかな疑問を訊《たず》ね、それに道元禅師が親切に答えている。肩の張らない雰囲気が伝わる。

衲子《のっす》というのは破れ衣（衲衣）を着た人という意味である。

古くなって破れた衣服を捨てずに補修して使ったら物惜しみに見える。かといって、古いものを捨てて、あるに任せれば新しいものに拘《こだわ》ることになって、両方とも罪になりはしないか。

それに対して道元禅師は、物惜しみの心からも自由に、新しい物好きからも自由になって、ものを大切にしたら良いと言う。

更に「学道《がくどう》の人《ひと》は尤《もっと》も貧《ひん》なるべし。……財《ざい》ある人《ひと》はまず瞋恚《しんに》・恥辱《ちじょく》の二難《になん》、定《さだめ》て来《きた》る也《なり》」（『正法眼蔵随聞記』「四・四」）と言う。財産があると、それを当てにする人があって、トラブルが起きて怒りや恥が引き起こされるというのである。

あるいはこうも言う。「一日僧来て学道の用心を問う次いでに、示《しめ》すに云《いわく》。学道《がくどう》の人《ひと》は先《ま》ず貧《ひん》なるべし。財多《ざいおお》ければ必《かなら》ず其志《そのこころざし》を失《うし》なふ」(『正法眼蔵随聞記』「四・一二」)。

そして「貧は道に親しい」と言う。なぜであろうか。それは、豊かさは障道の因縁が多いからである、と指摘する。「貧すれば貪《どん》す」というが、その貧は心も貧である。豊かさを求めて得られない欲求不満の貧である。人はものと金によって苦しみ、縛られている。それを照射するのは清貧である。清貧は自律自戒の生き方である。「清貧」を楽しむことが出来る人は、煩悩から解放された人である。そして、現代の環境問題に対する仏教の答えである。

53　悟りは心で得るか身で得るか――身心一如の坐は道に親しい

得道《とくどう》の事《こと》は、心《こころ》をもて得《う》るか、身《み》を以《もっ》て得《う》るか。……身心倶《しんじんとも》に得也《うるなり》。……心《こころ》をもて

計校《けこう》する間《あいだ》は、……得《う》べからず。心《こころ》を放下《ほうげ》して知見解会《ちけんげえ》を捨《す》つる時《とき》、得《う》る也《なり》。

（『正法眼蔵随聞記』「三・三一」）

悟りは心で体験するのか、体で獲得するのか、という問いは、悟りとは何かという質問とほとんど同じである。仏教では基本的には身心一如という。体と心は一体であるというのである。しかし、体で得るというのは、感覚的体験だから、心の無心と信念が伴わないと「身の得ることはたしかならず」という。

心で理解すると言っても、仏教とは何かと観念で計らう間は、悟りは得られないという。知見解会、つまり、解釈・理解を捨てた時、一致するというのである。

では悟りを「得る」とは何だろうか。体と心が心底無心になり、その寂静《じゃくじょう》が身についた時が「悟りを得る」ことだと言うのである。

54　亡き親の供養と出家――肉親の回向と一切への報恩と

夜話《やわ》の次《ついで》に弉公問《じょうこうとう》て云《いわく》。父母《ぶも》の報恩等《ほうおんとう》の事作《ことな》すべき耶《や》。示《じ》に云《いわく》。孝順《こうじゅん》は尤《もっとも》用《もち》いる所也《ところなり》。但《ただ》し其孝順《そのこうじゅん》に在家出家《ざいけしゅっけ》の別在《べつあ》り。……忌日《きじつ》の追善《ついぜん》、中陰《ちゅういん》の作善《さぜん》なんど、皆在家《みなざいけ》に用《もち》いる所也《ところなり》。……衲子《のっす》は……別《べっ》して一人《いちにん》をわ（分）きて回向《えこう》をするは、仏意《ぶつい》に非《あら》ざる歟《か》。

（『正法眼蔵随聞記』「五・二五」）

亡き人の供養を、七・七、四十九日の七回行なう中陰回向は、インドの民間信仰に始まり、仏陀亡き後、仏教にも取り入れられて、中国にも伝わり、儒教の百か日忌、一周忌、三回忌の三つが加わり、これらが日本に入って来るのは、平安時代初期といわれている。更に、日本で七回忌、十三回忌などが追加されていく。

鎌倉初期には、中陰仏事は亡き親への報恩・孝行として一般化していたのであろう。それについて、懐弉《えじょう》は僧侶として行なうべきかどうかと質問している。このことは、多くの僧侶が疑問に思っていたであろう。なぜなら、出家とは「イエ」を捨てることだからである。特に中国は儒教による「孝」の国であったから、仏教の「イエ」を捨てることは、初めは理解されず、親不孝なこととして批判されたのである。

仏教が出家するのは、「イエ」と家族が、自我・煩悩の苦しみのもとになっていることへの批判であり、それから自由になることで悟りを実現して、世間の人の苦悩を照射することが役割だったからである。

この質問に対して、道元禅師の答えは、追善の仕方は出家・在家では違うと言う。在家は、孔子の『孝経』に基づいて、生きている時も、死んだ後も親を大切にするべきである。もちろん、出家も父母の恩の深いことは真実知らねばならない。

更に仏教の『梵網菩薩戒経《ぼんもうぼさつかいきょう》』に、父母報恩の供養について書いてあるが、これは出家に対するものではなく、在家に対するものである、と言っている。

しかし、出家は剃髪する時の言葉の通り「恩を捨て無為に入る」のだから「恩を一人に限らず、一切衆生斉《ひと》しく父母の恩の如く深しと思て」なすところの善を「法界（真理の世界）」にめぐらして回向するのだと言う。だから自分の父母だけ一人特別に分けて追善回向するのではないと言う。

このように見ると、第二章で見たように、道元禅師は、育父と実母の命日に回向の法語を述べているが、それはいずれも、一切衆生を救う仏法を育てた広大な慈恩であったと回向しているのである。これこそ、僧侶の肉親への回向の心得というべきであろう。

55　叢林に入ると入らざるとなり――在家の学道と出家の学道

或時《あるとき》、比丘尼云《びくにいわく》。世間《せけん》の女房《にょぼう》なんどだにも仏法《ぶっぽう》とて学《がく》すれば、比丘尼《びくに》の身《み》には、少《しょう》少《しょう》の不可《ふか》ありとも、何《いか》で叶《かな》はざるべきと覚《おぼ》ゆ。如何《いかん》。と云《いい》し時《とき》。

示云《しめしていわく》。此義然《このぎしか》るべからず。在家《ざいけ》の女人《にょにん》、其身《そのみ》ながら仏法《ぶっぽう》を学《まな》んでうることはありとも、出家人《しゅっけにん》の出家《しゅっけ》の心《こころ》なからんは得《う》べからず。仏法《ぶっぽう》の人《ひと》をえらぶに非《あら》ず、人《ひと》の仏法《ぶっぽう》

に入《い》らざれば也《なり》。

（『正法眼蔵随聞記』「四・二」）

仏教を学ぶのに、出家と在家とはどう違うのか、という疑問は、多くの人が持つであろう。それを比丘尼、つまり女性の坊さんが訊《たず》ねた。道元禅師の興聖寺初期の時代には了《りょう》然尼《ねんに》がすでにいたが、この質問は了然さんか、別の尼僧さんかはわからない。

在家の女性も仏教を修行するが、それに比べれば出家して尼になってまで仏教を修行しようという人であったら、少しくらいの至らないことがあっても仏道にかなわないということはありますまい、と思うが、いかがなものでしょうか、という質問である。

それは違うと答える。在家の人が在家のままで仏教を修行して得ることはあっても、出家して学ぼうという人に出家したという心構えがなければ仏道は獲得出来ないでしょうと言う。

在家でありながら、出家の心だったら出家すべきである。出家になりながら、在家の心でいたら二重の過《あやま》ちだと言う。

では、出家とは何だろうか。『正法眼蔵随聞記』「一・八」では「叢林《そうりん》に入《い》ると入《い》らざるとなり」という。叢林というのは坊さんの卵が集まるところ、杏林《きょうりん》というのは医者の卵が集まるところである。世俗が苦しみであったから世間を超えようと、仏の教えに全身心を任せた世界である。

仏教は人間の苦悩に気付いた人が、それを超え、苦しみから解放される道をしめすものである。その在り方に、苦悩の中にいて苦しみの心を解消しようという仕方は在家の学び方であり、苦悩から飛び出したところから苦悩を照射して、自分も人も仏心に包まれようというのが出家である。

『正法眼蔵随聞記』「二・二」では「仏家《ぶつけ》に入《い》り、僧道《そうどう》に入《い》らば、須《すべから》く其業《そのぎょう》を習《ならう》べし」と言う。其業とは、我執を捨てることだと言う。在家のまま学ぶことと、僧道に入って学ぶこととでは、我執の捨て方が違うということであろう。

それを「仏法の人をえらぶに非ず、人の仏法に入らざれば也」という。問題解決のために飛び込む力が違えば、学び方の程度も違う。しかし、どちらも、煩悩に苦しみ、解決を求めているという点では「初発心時便成正覚《しょほっしんじべんじょうしょうがく》」で、真実に出会っていることには変わりはない。

56　千万貫の借金を返せない時のように——己を捨てる

大慧禅師《だいえぜんじ》の云《いわく》。学道《がくどう》は須《すべから》く人《ひと》の千万貫《せんまんがん》をお（負）へらんが、一文《いちもん》もたざらん時《とき》、（返済を）せめられん時《とき》の心《こころ》の如《ごと》くすべし。若《も》しこの心《こころ》有《あ》らば、道《みち》を得《う》ること易《やす》しと云《い》へり。

（『正法眼蔵随聞記』「六・二一」）

大慧宗杲《そうこう》（一〇八九〜一一六三）は曹洞系の芙蓉道楷《ふようどうかい》に学び、臨済系の圜悟克勤《えんごこくごん》の法を嗣《つ》いだ人で、今日の臨済宗の公案（問題）を念じつつ坐禅をする「看話禅《かんなぜん》」を確立した人である。

莫大な借金をして、返済日が来たのに一文も無かったら、もういいわけも、何も無い。

面子《めんつ》も捨てて、ただ土下座して謝るしかない。その時、自我は丸潰れである。人間はよほど困っても面子・自尊心には拘《こだわ》っている。それをも放棄せざるを得ないところに追い込まれて、初めて自我を超えられる、と言うのである。

57　死にそうなら坐禅をしよう——拠りどころに安住して死のう

大慧禅師《だいえぜんじ》、或時《あるとき》尻《しり》に腫物《はれもの》を出《いだ》す。医師《いし》是《これ》を見《み》て「大事《だいじ》の物也《ものなり》」と云《いう》。慧云《えいわく》「大事《だいじ》の物《もの》ならば死《し》すべきや」。医云《いいわく》「ほとんどあやふかるべし」。慧云《えいわく》。若《も》死《し》ぬべくは、弥《いよいよ》坐禅《ざぜん》すべし」と云《いい》て、猶強盛《なおごうじょう》に坐《ざ》したりしかば、かの腫物《はれもの》うみつぶれて、別《べつ》の事《こと》なかりき。

（『正法眼蔵随聞記』「六・一九」）

尻の腫物が、命に関わり「ほとんどあやうかり」と言うほどだったというのである。そうしたら、大慧禅師は、だったら一生懸命坐禅しようと言ったというのである。

これは病気と信仰の話であるが、この場合は、坐禅をするほどの気力体力がまだあるうちのことである。病気が重くなれば坐禅とは限らない。

問題は、死に直面したら、命の根源的拠りどころである仏の心と命に落ち着いていようということである。その永遠なる真実にあこがれ続け、それになっていることが、死後も永遠にし、この人生の生きた意味を真実たらしめるということである。

58　時光虚しく渡らず、人虚しく渡る――卑下するな

嘉禎二年臘月除夜《かていにねんろうげつじょや》。始《はじ》めて懐弉《えじょう》を興聖寺《こうしょうじ》の首座《しゅそ》に請《しょう》す。即《すなわ》ち……秉払《ひんぽつ》を請《しょう》す。

(中略)

人人皆《にんにんみな》、道《みち》を得《う》ることは衆縁《しゅえん》による。……玉《ぎょく》は琢磨《たくま》によりて器《うつわ》となる。人《ひと》は練磨《れんま》によりて仁《じん》となる。何《いず》れの玉《ぎょく》かはじめより光有《ひかりあ》る。誰人《だれびと》か初心《しょしん》より利《り》なる。

古人云《こじんいわく》。光陰虚《こういんむなし》くわたることなかれ。……時光虚《じこうむなし》く渡《わた》らず、人虚《ひとむなし》く渡《わた》る。……新首《しんしゅ》

座《そ》非器也《ひきなり》と卑下《ひげ》することなく、洞山《とうざん》の麻三斤《まさんぎん》を挙揚《こよう》して同衆《どうしゅ》に示《しめ》すべしと云《いい》て、座《ざ》をおりて、再《ふたた》び鼓《く》を鳴《なら》して首座《しゅそ》秉払《ひんぽつ》す。弉公《じょうこう》三十九の年也《としなり》。

（『正法眼蔵随聞記』「五・五」）

これはかなり長い文章である。嘉禎二年は一二三六年、道元禅師三十七歳である。その年の十月に興聖寺には、日本で最初の広牀《こうじょう》の僧堂《そうどう》が建立されて開単《かいたん》している。それはある貴族の日記に仏法房が広牀の僧堂をつくったという記事があることからも、かなり有名な出来事だったようである。

僧堂というのは、いわゆる坐禅堂である。大勢の修行僧が一堂に集団で寝食を共にするという集団修道の形式は、百丈《ひゃくじょう》懐《え》海《かい》が西暦八百年頃に僧堂をつくって確立した。それまでは小さな庵《いおり》に少数の師と弟子が住んでいたらしい。

その僧堂は、坐禅もするが食事もし、寝るのもそこである。坐禅をするだけであれば席（単という）の広さは一人分は三尺四方あればよい。しかし、寝るためには一人に付き畳一枚・奥行き六尺は必要である。そのような本格的僧堂を道元禅師が日本で最初につくったのである。

首座というのは修行のリーダーで第一座とか、長老という。秉払《ひんぽつ》というのは、指導者の印である払子《ほっす》という馬の尾の毛を束ねたものを振るという意味で、住職に代わって説法することである。

大晦日《おおみそか》に、懐弉《えじょう》に首座となって、私に代わって説法せよと言ったのである。人は仲間の縁で磨かれるのであるから、卑下や、変に謙遜しないで、説法して見なさい、と言い、高座を降りて、太鼓を鳴らした。そこで懐弉和尚は道元禅師の指示した洞山《とうざん》の麻《ま》三斤《さんぎん》という禅問答について説法をした。私は三十九歳であった、と感動を込めて書いている。

その時、時間を惜しんで修行せよという意味で言ったのが「光陰虚くわたることなかれ。……時光虚く渡らず、人虚く渡る」という言葉である。

時間が無益に過ぎ去るのではない、人間が時間を無駄にしているのである。時を惜しみなさいと言う。

洞山の麻三斤の話というのは、洞山守初（九一〇～九九〇）に修行僧がいきなり仏とは何ですかと訊《たず》ねた。守初はちょうど、刈り入れて精製した麻《あさ》を秤《はかり》で計っていたから、麻が三斤だと答えた。三斤というのは当時出荷する一〆《しめ》の目方だという。目の前にあるものを大切にし、そこに全力投球する、それが仏の空・無心の心の実現であるという意味である。

さて、こうして、設備も整い、「高き色に会はんと思ふ」志の人々が本格的に集まって来るようになる。そして、道元禅師の教えの体系も整ってきたのである。

第四章　一耳《いちに》は説き一耳は聞く——禅の生き方を説き尽くす

59　三徳円満《さんとくえんまん》し、六味《ろくみ》ともに備《そな》わらん――台所の仏法

先《ま》ず米《べい》を看《み》んとして便《すなは》ち砂《いさご》を看《み》、先《ま》ず砂《いさご》を看《み》んとして便《すなわ》ち米《べい》を看《み》る。審細《しんさい》に看来《みきた》り看《み》去《さ》って、放心《ほうしん》すべからずんば、自然《じねん》に三徳円満《さんとくえんまん》し、六味《ろくみ》ともに備《そな》わらん。

（『典座教訓《てんぞきょうくん》』）

嘉禎三年（一二三七）春に道元禅師は『典座教訓』を書いている。典座というのは、台所の主任のことである。この頃の興聖寺はすでに相当な人数の人が集まっていて、典座寮もしっかりとつくり、典座和尚も配役して修行僧の便宜を計ったのであろう。

百丈懐海《ひゃくじょうえかい》はインド以来の律院風の戒律から、禅の精神に合った、集団で互いに諸役を分担しあい、生活のすべてで無心を修行し続ける自立・自活型の生活方式を打ち立てた。インド以来の戒律の細かい点や、時代社会に合わなくなった点を中国仏教は捨てて行った。それに代わり、補うものとして、戒律の伝統を受け継ぎつつ、禅宗では「清規《しんぎ》」を作っていった。「百丈清規」がその最初であった。それは今日では散逸したが、後に『禅苑清規《ぜんねん》』

として再編された。

それは儀礼から生活の全般に亘って修行の在り方を説いている。『典座教訓』はその伝統を継ぐ台所の清規である。

禅寺の経営・管理の重役を国の官職に倣《なら》って「知事」と言った。経営担当、修行担当、会計担当、管財担当、接客担当、台所担当である。台所担当が典座である。

台所の主任は、お米を淘《ゆ》る時、手ずから責任を持ってしなさい。お米の中の砂やゴミを選《よ》るのには、お米と砂を、一方に偏って見て、お米に拘《こだわ》ったら砂が見えなくなり、砂に憎しみを持って見たらお米がよく見えなくなるから、無心で注意深く見なさい、と言う。

そうすれば「三徳円満し、六味ともに備わらん」と言う。

三徳とは食材の、軽軟（柔らかさ）、浄潔、如法作（そのものらしく）のことである。

六味とは、甘・辛・塩・苦・酸・淡（あっさり）のことである。

食事を調理する時、ものを大切にしていれば、その食材の三徳と六味を自然に引き出すことができるという。それが禅の無心の修行であると言う。

60　高処《こうじょ》は高平《こうへい》、低処は低平——あるべきように

今日斎時《こんにちさいじ》に飯羹等《はんこうとう》に用《もち》いし所《ところ》の盤桶《ばんつう》ならびに什物調度《じゅうもつちょうど》を打併《だびょう》して、精誠浄潔《せいせいじょうけつ》に洗灌《せんかん》し、彼此高処《ひしこうじょ》に安《あん》ずべきは高処《こうじょ》に安《あん》じ、低処《ていじょ》に安《あん》ずべきは低処《ていじょ》に安《あん》ぜよ。高処《こうじょ》は高平《こうへい》に、低処《ていじょ》は低平《ていへい》に。

（『典座教訓』）

台所の用度品についての親切な指導である。

お昼の食事に使った御飯の入れ物の桶、煮物の器、その他の寺院の備品（什物）や調度品を調え（打併）てきれいに洗い、布巾や桶は高いところに、雑巾や、床用のバケツは低いところに、お釜や鍋はかまどの上にというように、衛生管理の行き届くよう、あるべきところに置きなさい。それがものの平等ということだ、と言うのである。

人間の活動は多面的である。一人の人間が、浄《じょう》にも、穢《え》にも関わる。その時その場のあるべきように自由にかつ丁寧・親切に関わることが禅の無心ということである。

61　作務《さむ》は喜心・老心・大心で――労働の心

当職作事作務《とうしょくさじさむ》の時節《じせつ》、喜心《きしん》・老心《ろうしん》・大心《だいしん》を保持《ほじ》すべきものなり。
いわゆる喜心《きしん》とは、喜悦《きえつ》の心《こころ》なり。
いわゆる老心《ろうしん》とは、父母《ぶも》の心《こころ》なり。
いわゆる大心《だいしん》とはその心《こころ》を大山《たいさん》にし、その心《こころ》を大海《たいかい》にし、偏《へん》なく党《とう》なきの心《こころ》なり。

（『典座教訓』）

『典座教訓』の中でも特に有名な人生訓である。労働・作業・仕事において、この三つの心が大切だと言う。

ものを行なう時は喜びをもって行ないなさい。ものごとに対していたわりの心で行ないなさい。事に当たって、一つに偏《かたよ》り、一つの考えに群がってしまうと、ものごとおおらかに付き合えなくなってしまう。拘《こだわ》らない心が大心である。

人生すべて、喜心・老心・大心でありたいものである。

62　粥をば「お粥」と申すべし——ものを尊重する文化

いはゆる粥《かゆ》をば、御粥《おかゆ》とまをすべし、……粥《かゆ》とまをすべからず。よね(米)しろ(白)めまいらせよ、とまをすべし、よね、つけ(漬)、といふべからず。よね、あらひまいらするをば、浄米《じょうべい》しまいらせよ、とまをすべし。よね、か(淬)せ、とまをすべからず。……

御汁《おしる》のもの、し、まいらせよ、とまをすべし。汁《しる》、に(煮)よ、とまをすべからず。

(『示庫院文《じくいんもん》』)

これは、一二四六年に越前で大仏寺を建てて、それを永平寺と改めた年に示している。要するにものを呼び捨てにせず「お」の字を付けて丁寧に呼びなさいと言うのである。日本の生活文化そのものであることがわかる。かつて年寄りに言われていたことがこうして形成された文化であり、立ち居振舞すべてで仏心を実現する禅の精神だったのである。

63　乳水のごとく和合すべし――道の友を大切に思え

堂中《どうちゅう》の衆《しゅ》は、乳水《にゅうすい》のごとくに和合《わごう》して、たがひに道業《どうごう》を一興《いっこう》すべし。……おのおのともにあひがたきにあひて、おこなひがたきをおこなふ、まことのおもひを、わすることなかれ。

（『観音導利興聖護国寺《かんのんどうりこうしょうごこくじ》　重雲堂式《じゅううんどうしき》』）

僧堂のことを雲水が住むという意味で「雲堂」とも言う。「重」という字を冠しているのは「尊重」という意味だろうと言う。「かさねて」と解釈をすると、その前にもう一つ無ければならないことになるから、尊重の意味であろう。

これは、延応元年（一二三九）四月二十五日に示している。

僧堂は無心を求める道場だから何かの欲があって来た人は入れてはいけない、と言う。その後にこの言葉が出てくる。

修行道場というのは、仏の悟りに出会おうとした道の友の集まりである。だから乳と水が抵抗無く混じり合うように、互いに一体とならなければいけない。それは会い難き人に会った仏縁を喜んで仲良くしなければいけないと言う。

仏教の基本的旗印は「和」である。争わないことである。これは仏陀以来の仏教徒の徳目である。

64　憎む心で人の欠点を見ない――注意と怒りはちがう

にくむこころにて、人《ひと》の非《ひ》をみるべからず。

(中略)

ほとけも、非《ひ》を制《せい》することあれども、にくめ、とにはあらず。

(『観音導利興聖護国寺　重雲堂式』)

禅の修行のおもしろいところは、個と集団との相補性である。坐禅の世界は完全に自分でそれになり、自分で味わうしかない世界である。日常生活も、多くの人と共に修行しながら、それは他律ではなく、自主的に本人が求め、本人がそれになり、本人が味わう自律の世界である。

だったら、ひとり山林でも修行できるはずなのに、一人だと人間はわがままになってしまって、自我が強くなる。結局、大勢の仲間の中にいないと自我は取れないから、集団修道をすることになる。

つまり、個の内面は他に照らされることによって自律が磨かれるという仕組みになる。ところが、人は自分が一生懸命だと人の失敗が許せなくなる。失敗したり欠点のある人も本来は自分で気が付くのが自律であるから、他人がそれを攻めたら、自らの良心に照らされての恥・反省にはならなくなってしまうのに、ついつい人を攻めてしまう。

それを「にくむこころにて、人の非をみるべからず。ほとけも、非を制することあれども、にくめ、とにはあらず」と言うのである。

65　不作法な格好で先輩を見るな——謙虚は心の光

邪脚倚立《じゃきゃくきりゅう》して上座《じょうざ》を視《み》ることを得《え》ざれ。（三）
大己《だいこ》未《いま》だ喚《よ》んで坐《ざ》さしめざるに、たやすく坐《ざ》することを得《え》ざれ。（一二）
もし大己《だいこ》の所《ところ》にあらば、苦事《くじ》は先《ま》ず作《な》し、好事《こうじ》は応《まさ》に大己《だいこ》に譲《ゆず》るべし。（三〇）
大己《だいこ》未《いま》だ食《しょく》せざるに先《さき》に食《しょく》することを得《え》ざれ。（三九）
大己《だいこ》の誤錯《ごしゃく》を見《み》ば、喧笑《けんしょう》することを得《え》ざれ。（四四）

（『対大己五夏闍梨法《たいだいこごげじゃりほう》』）

禅の目指す空《くう》の人間像は、平たく言えば角《かど》のとれた人ということになる。角のある人間とは、自我・癖・人間臭さの抜けない人ということである。

角の無い人間をつくるという意味では、人間関係において謙虚になる訓練が一番早い方法である。故に禅では師と弟子、先輩・後輩、仲間の関係での慎みになじむことは重要である。一人で大成した人間と、僧堂出の人間との違いはこの辺に大きく現われると言ってよい。

曹洞禅では「衆に抜きんでて益なし」とまで言う。目立ちたがり屋は、事業では大成するが、自我に苦しんだ人が救われる無我な人間像ではないことになる。

『対大已五夏闍梨法』は永平清規《しんぎ》の一つであり、越前に下った年に示されたものである。「大已」とは、大きな已《おのれ》で、私の鏡という意味で先輩長老ということである。「五夏」は五年ということであり、「闍梨《じゃり》」は阿闍梨耶《あちゃりや》というインドの言葉で、尊師という意味である。五年以上安居《あんご》している大先輩の尊師に対する作法という教えである。

先輩の前で、行儀悪く足を組み、あるいは柱などに倚りかかって対面してはいけない。先輩が「どうぞ」とか「座りなさい」と言う前に気安く座ってはいけない。先輩の前では苦事は自分がやり、好事を先輩に譲るべきである。先輩が錯覚したり誤解したりして間違えた時、笑ったら失礼である、と言う。

これはいずれも、今日、社会人になれば、会社の上司、得意先のお客などに対して、当たり前のルールである。

道元禅師はこうした生活と心の文化をつくることに情熱をかけた人だったのである。

66　汚れ以前だから清める――洗浄

身心《しんじん》これ不染汚《ふぜんな》なれども浄身《じょうしん》の法《ほう》あり。

（『正法眼蔵』「洗浄《せんじょう》」）

興聖寺が出来た頃、日本ではどんなことが起きているかを、簡単にみると、一二三七年に日蓮聖人が出家している。三九年に藤原道家が東福寺仏殿をつくり、後鳥羽上皇が配流先の隠岐で亡くなっている。四一年に臨済宗の円爾弁円が帰国し、四四年に東福寺開山に迎えられている。

つまり、禅への関心がいよいよ本格化した時代だと言える。こうした流れの中で興聖寺は禅道場として、内容も整い始めたのである。その重要な柱が「清規《しんぎ》」の充実であった。道元禅師は『典座教訓《てんぞきょうくん》』『観音導利興聖護国寺重雲堂式《かんのんどうりこうしょうごこくじじゅううんどうしき》』に続いて『正法眼蔵』「洗面」、

『正法眼蔵』「洗浄」の二巻を著わす。かなり長文なもので、かつ具体的な生活規律である。『三千威儀経《さんぜんいいぎきょう》』や『禅苑清規《ぜんねんしんぎ》』を引用して、具体的生活法を示すのである。

「洗浄」は手洗いの使い方や、礼儀、その精神を説いている。

この中で仏陀と実子ラーフラの話を取り上げている。ラーフラは仏陀の子供であるが、後に出家して仏十大弟子の密行第一羅睺羅《らごら》尊者と言われた人である。

少年ラーフラが見習い僧になった時、若い僧は在家の弟子の部屋に寝ていた。ところが、いびきをかく人がいて僧侶たちが寝られないということになり、仏陀は、僧侶とそうでない者とは別の部屋に寝るようにと指示した。そのため、僧たちは決まりだからと言うのでラーフラ少年を部屋に入れなかった。寝床を探しているうちにラーフラは眠くなって仏陀の厠《かわや》に入り込んで寝てしまう。

翌朝これを知った仏陀は、修行のためには忍耐が必要だと言って聞かせるのであった。そして、僧たちには見習い僧を見捨てないように指導するのであった。

これを取り上げて、道元禅師は、便所は仏陀時代からの尊い作法であると指摘する。それは、当時の日本では、特に都市である京都には単に共同の脱糞所があっただけのようであるから、不衛生極まりなかったからである。それは平安時代の『病草子』の痔瘻《じろう》の男の図や、『餓鬼草子』などに描かれる便所の図は、塀でかこっただけの空《あ》き地に、男女が高下駄で脱糞しているのである。

一方『源氏物語』などでは、姫は室内で箱の便器で用を足しているという。こうした生活文化の中で、衛生が仏法の修行であるというのである。

「不染汚《ふぜんな》」というのは、人間の意識観念に染まる以前という意味である。きれいとか汚いとか、悟りとか修行とかいう以前という意味である。

「身心《しんじん》これ不染汚なれども浄身の法あり」とは、体も心も本来、浄・不浄以前の真実なものである。しかし、生きているということは、衛生観念としての汚れや、きれいということはある。それを自覚し、人間らしさとして汚れたら洗うというのが、横着さに染まる以前の人間らしさを持続する修行なのであると言う。

そして、大小便の用足しの後、手を洗わないうちに仏を礼拝したり、人の礼拝を受けたりしてはいけない。それが仏教だと言っているのである。

67　世界は透明だ、全身は光だ——私がそれになる

尽十方世界一顆明珠《じんじっぽうせかいいっかみょうじゅ》なり。……全身《ぜんしん》これ光明《こうみょう》なり。

（『正法眼蔵』「一顆明珠《いっかみょうじゅ》」）

興聖寺僧堂が落成した翌々年、道元禅師三十九歳の年に、第四巻目の『正法眼蔵』を説く。それが『正法眼蔵』「一顆明珠」である。この法語は玄沙師備《げんしゃしび》（八三五〜九〇八）の言葉を取り上げて悟りについて語ったものである。

この人は漁師であったが、三十歳の時、突然出家する。道元禅師の文章では「ひごろはつりする人《ひと》にてあれば、もろもろの経書《きょうしょ》ゆめにもかつていまだ見《み》ざりけれども、こころざしのあさからぬをさきとすれば、かたへ（同輩）にこゆる志気《しいき》あらはれけり」と言う。

やがて、雪峰義存《せっぽうぎそん》のところで修行中に、もっと多くの人に学ぼうとして旅に出る。途中

で石に躓《つまず》いて足の指を痛め、出血して激痛が全身を走る。その時、この体に固定性はないはずである。だったら痛みというものはどこから来るのか、と気が付いて、人に求めることの虚しさに気付き、雪峰のところに帰る。つまり外に向かって求めることではなく、私自身を確かめることであるという腹落ちだったのである。

その後、玄沙さんは人に語る時「尽十方世界、是一顆明珠」と説いたのである。世界中、何もかも一粒の透明な玉であるというのである。

人間は、食べる、働く、病むなど、さまざまな場面として生きているが、それぞれがすべて自我煩悩を差し挟みようがない透明な事実である。それゆえに自分も透明になってそれになりきっていく時、自我から完全に解放されているというのである。

玄沙さんのこの言葉を受けて、道元禅師は「全身これ光明なり」と言うのである。私の全体も透明になって光輝いている、そういう生きざまが禅の生き方だと言うのである。

ところで、これは興聖寺の道元禅師僧団が形成されつつある、初期の法語である。それは恐らく、漁師から出家した玄沙さんのような人が、禅を求めて入門していたからではないだろうか。体系的仏教学を学ぶのでなく、生き方として、それになる禅こそそうした人々への救いであるという禅の回答を示したのではないだろうか。

68 まっさらな心が仏心――「霊」と仏心を間違えるな

即心是仏《そくしんぜぶつ》とは、発心《ほっしん》・修行《しゅぎょう》・菩提《ぼだい》・涅槃《ねはん》の諸仏《しょぶつ》なり。……たとひ一刹那《いちせつな》に発心修証《ほっしんしゅしょう》するも即心是仏《そくしんぜぶつ》なり。

（『正法眼蔵』「即心是仏《そくしんぜぶつ》」）

宗教は、醜い心に苦しんだ人が、それからの解放を求めることである。現世の苦しみ・愚かさ・虚しさを超えた「安らぎの心」こそ救いになる。

民俗宗教とか、精霊崇拝（アニミズム）とか、自然宗教といわれるものは、病気・災害・死といった自然現象の恐怖を祓《はら》うことに関心がある。そうした悪魔を祓うのはより強い生命力である。山や、大木、大きな岩、生命を生み出す生殖器、偉大な人など生命力の強いものが神とされ、その恩恵を期待するようになる。更に大宇宙を包む大きな霊力という神が考えられるようになる。

そして、災難は人間の汚れた心や悪意が自然や神の怒りに触れて引き起こされる、という考え方が起こる。

そうすると人間の心と命の在り方が問われるようになる。人間の心と命の不思議についてどう説明するかということである。

その答えの与え方の一つが、生まれ変わり（生命の輪廻《りんね》）という考え方である。そして、その生まれ変わりの主体であり、神と人間をつなぐものが霊魂という考え方である。

人間や犬や猫は、宇宙的霊が個々の肉体に流れ込んで、それぞれの個性や心になっている、という考え方である。従って、この世では貧しい人や金持ちなどの違い差別があっても、死ねば皆平等に宇宙的霊性に帰入するのだから平等なのだ、という理論となり、これで現実を解釈する考え方が平安中期に出来上がっていたという。

仏教を受け入れた日本人が、悟りをこの霊力と考え、一切平等に行き渡っている仏の性質（仏心）をこの宇宙的霊性として解釈したのである。

古代日本人が「悟り」を理解するためには、こうしたアニミズム的解釈を乗り超えなければならなかった。あるいは、この霊の考え方は今でも日本人の心情の奥深くに生き続けているのである。

「悟りの心」をこのように解釈するのは、実はインドにも古くからあって、そうした宗教をお釈迦さまは「先尼外道《せんにげどう》の見《けん》」と言っている。

道元禅師は、『正法眼蔵』のかなり多くの巻でこの先尼外道の考え方を批判している。それは当時、仏教をこのような霊観念にすり替えて理解する人々が相当多かったのであろう。従って、正統な仏教としては、それを乗り超えることは思想の戦いにおけるハードルであったはずである。

この論争はすでに比叡山を中心に行なわれていたはずである。それは比叡山の正統天台学の宝智房《ほっちぼう》証真《しょうしん》という総学頭《そうがくちょう》の説と道元禅師の説とが同じであるという指摘があるからである。道元禅師が十五歳で山を降りて三井寺に質問に行った年に宝智房証真は亡くなっているので、道元禅師はこの学僧の指導を受けていたのであろうという学説があると言う。

道元禅師は三十二歳の時『正法眼蔵』「弁道話」を書いているが、その中でもかなりの分量を割いて「先尼外道《せんにげどう》の見《けん》」を批判している。

そして、四十歳のこの年、『正法眼蔵』「即心是仏」で再び悟りの心とは霊のことではないと表明したのである。後に道元禅師教団が比叡山の一部から圧力を掛けられたのも、案外この問題であったのかもしれないのである。

さて、密教では「即身成仏」と言う。この身このまま仏であると言う。その時、人間の欲望・自我・観念の心を仏と解釈をしてしまう危険がある。禅では「即心是仏」と言う。その「心」を「霊」と解釈する危険はいつでもある。

即とは、直ちにという意味である。すると外界を見たままの心という意味になる。仏教の基本で言えば「如実知見《にょじっちけん》」ということであり、煩悩・自我に染まり汚れた心が働き出す以前の「不染汚心《ふぜんなしん》」のことである。

煩悩や苦しみや、恐怖心や欲望、裏切りや憎しみなどの虚しさに気付かせ、発心させるのは、この自我に染まる以前の即心である。即心に突き動かされて修行し、悟り（菩提）を確かめ、静寂（涅槃）を楽しむのである。

そして、たった一瞬でも、発心し修行したらそれは即心という仏の働きなのである。

69　得法せば比丘尼、礼拝を受くべし——法の中には男女一味

正法眼蔵《しょうぼうげんぞう》を伝持《でんじ》せらん比丘尼《びくに》は、……三賢十聖《さんけんじっしょう》（悟った聖人たち）もきたりて礼拝《らいはい》問法《もんぽう》せんに、比丘尼《びくに》この礼拝《らいはい》を受《う》くべし。

（中略）

和漢《わかん》の古今《こきん》に、帝位《ていい》にして女人《にょにん》あり。……これは人《ひと》をうやまふにあらず、位《くらい》をうやまふなり。

（『正法眼蔵』「礼拝得髄《らいはいとくずい》」）

仁治元年（一二四〇）禅師四十一歳の時、興聖寺でこの法語を示している。

仏教の悟りを体現した人というのは男女に関わらない。その人を通して悟りを礼拝するのであるという。だから、男女、老少、育ち、器量の善し悪し、癖や欠点などに目を奪われてはいけない。あるいは自分はこういう地位にある、「われは僧正司なり、得法の俗男俗女を拝すべからず。われは三賢十聖なり、得法なりとも比丘尼等を礼拝すべからず」というように面子《めんつ》にとらわれていたら法は見えないと言う。そして、中国の末山了然尼《まつさんりょうねんに》を礼拝した志閑《しかん》禅師の話、解《かい》院主妙信尼に教えを乞うた十七人の僧の話を取り上げる。

そして、ここまでが最初の編集に取り入れられていたが、後半部分が永平寺に所蔵されていて、江戸時代の「本山版」に追加された。

それには「和漢の古今に、帝位にして女人あり。……これは人をうやまうにあらず、位をうやまふなり」と言い、女性の王さまもいた。その役割・能力を尊敬するのである。また、女性を欲望の対象として見ることの矛盾を指摘する。

そして、「また日本国にひとつのわらいごとあり。いはゆる、或は結界の地と称し……比丘尼・女人等を来入せしめず」と批判する。結界とはここからは仏の清浄世界だと言って仕切りをすることである。

興聖寺にだんだんと人が集まって来るに従い、古い神聖観念の人が尼僧さんや、信者の女人を見下すということが起こっていたであろうし、女人救済について質問する人があったであろう。道元禅師は、早い時期に了然尼を弟子にしている。男女・貴賤のゆえに苦しむ世間を超えて、真実世界に救い取る仏道の世界では悟りだけが基準になる。古い観念の人と、国家体制の穢《けが》れ意識仏教への批判であった。

70　釣りに釣らるる――山水に学ぶ

あるいはむかしよりの賢人《けんじん》聖人《しょうにん》、ままに水《みず》にすむもあり。水《みず》にすむとき、魚《うお》をつるあり、人《ひと》をつるあり、道《みち》をつるあり。これともに古来《こらい》水中《すいちゅう》の風流《ふうりゅう》なり。さらにすすみて自己《じこ》をつるあるべし、釣《つ》りをつるあるべし。釣《つ》りにつらるるあるべし、道《みち》につらるる

あるべし。

（『正法眼蔵』「山水経《さんすいきょう》」）

自然というものは人間の自我を圧倒する力がある。それを、この巻の冒頭で「而今《しきん》の山《さん》水《すい》は、古仏《こぶつ》の道現成《みちげんじょう》なり」と言っている。

そして、大陽山の楷和尚が「青山《せいざん》は常《つね》に運歩《うんぽ》している」という言葉と、雲門匡真《うんもんきょうしん》大師の言った「東山水上行」という二つの言葉を取り上げて、自我や既成概念を捨てて水や山を楽しむ事が悟りの縁になるという説法である。

その最後に冒頭の言葉が語られるのである。

昔から賢人聖人で川べりや海に住んだ人がいる。そういう時に、魚を釣っていた人も多いが、それを通して人を感化し、人間の心を深めていった。それは水に関わる風流である。しかし、そこでとどまらないで、自分を深め、釣ること自体を楽しみ、釣りに釣られて自我の角《かど》が取れ、無心という道に引きずられていた。そんな修行を楽しんでいた、と言う。

71　浄信一現するとき転ぜらるる――懺悔の功徳

心《こころ》も肉《もく》も、懈怠《けだい》にもあり、不信《ふしん》にもあらんには、誠心《じょうしん》をもは（専）らにして、前仏《ぜんぶつ》に懺悔《さんげ》すべし。恁麼《いんも》（そのように）するとき、前仏懺悔《ぜんぶつさんげ》の功徳力《くどくりき》、われをすくひて清《しょう》浄《じょう》ならしむ。この功徳《くどく》、よく無礙《むげ》の浄信《じょうしん》・精進《しょうじん》を生《しょう》長《ちょう》せしむるなり。浄信一現《じょうしんいちげん》するとき自他《じた》おなじく転《てん》ぜらるるなり。

（『正法眼蔵』「谿声山色《けいせいさんしょく》」）

この法語は、東坡居士蘇軾《とうばこじそしょく》（一〇三六～一一〇一）が悟った時の言葉「谿声《けいせい》は仏《ほとけ》の説《せっ》法《ぽう》、山色《さんしょく》は仏《ほとけ》の清浄身《しょうじょうしん》」であったという言葉を取り上げて、天地自然が人間の自我を圧倒した時、すべてに仏の声が聞こえる、聞かなければならない、という教えである。

その他、自然を縁として悟った祖師の例をいくつか紹介する。その最後に、私の自分可愛さが少しでもあるとそれは聞こえない。その己《おのれ》のいたらなさを悲しみ、仏に懺悔しなさいと言う。
心も命も怠惰で、無我・無心という世界が信じられない人は、誠心誠意仏の前に信じられない私の罪を懺悔しなさい。そのようにする時、懺悔する功徳の力が私の自我を清らかにして、自我・欲望に妨げられない（無礙《むげ》）信心を育ててくれる。そして、無我が信じられるという清らかな心が一たび実現すると、その不思議な輝きが自分も、周りの人もすべてを突き動かして行くと言うのである。

72 悪は行ない得ない――倫理の根源

諸悪《しょあく》すでにつくられざるなりゆくところに、修行力《しゅぎょうりき》たちまちに現成《げんじょう》す。
（中略）
諸悪《しょあく》は因縁生《いんねんしょう》にあらず、ただ莫作《まくさ》なるのみなり。

（『正法眼蔵』「諸悪莫作《しょあくまくさ》」）

お釈迦さまは『法句経《ほっくきょう》』の一八三偈《げ》で「諸《もろもろ》の悪《あく》を作《な》すこと莫《な》く、衆《もろもろ》の善《ぜん》は行《おこな》い奉《たてまつ》り、自《みずか》ら其《そ》の意《こころ》を浄《きよ》うせよ。是《こ》れ諸仏《しょぶつ》の教《おし》えなり」とおっしゃっている。これを取り上げて道元禅師は、その理解の仕方を説く。

悪いことをするな（悪を作すこと莫かれ）、と人は言う。するとこれは外からの規律になってしまうし、自主性を見失う危険がある。

人間の根源にある無心・無我は悪というものを「作《な》しえ莫《な》い」のである。そこに修行の力が出てくるのである。悪は多くの縁によって出てくるのではなく、あなたの仏心には悪そのものがないのである、それを自覚し超然と行きなさいというのである。

73　真実が真実を転ず――お辞儀は柔らかく

法華《ほっけ》のわれらを転《てん》ずるちから究尽《ぐうじん》するときに、かへりてみずからを転《てん》ずる如是力《にょぜりき》を現《げん》成《じょう》するなり。

（『正法眼蔵』「法華転法華《ほっけてんぽっけ》」『正法眼蔵』「看経《かんきん》」）

これは六祖慧能《えのう》（六三八〜七一三）と法華経学者の法達《ほうたつ》との対話を解説したものである。①自我の愚かさに気が付き、心が迷い始めた時は「法華」という真実に突き動かされ、②心が悟ると今度は法華を働かせ行く、と言うのである。そして「③法華のわれらを転ずるちから究尽するときに、かへりてみずからを転ずる如是力を現成するなり」と言う。つまり、真実が私たちを転ずる力が徹底すると、それがかえって真実が真実を突き動かす力を実現するのだと言っているのである。

これは慧達《えだつ》禅人という人が出家剃髪したことを喜んで書き与え、「かみをそり又かみをそる、これ真出家児なり」と言い、出家剃髪は法華に突き動かされているのだという。「法華転法華《ほっけてんぽっけ》」を慧達禅人に書き与えたのは仁治二年、禅師四十二歳の時であるが、その年の秋に『正法眼蔵』「看経」としてこのテーマを取り上げて説いている。

この年の春に、日本達磨宗《だるましゅう》の多武峰《とうのみね》懐鑒《えかん》・義介《ぎかい》以下集団で道元禅師門下に参加している。六祖慧能と法達の出会いについて『伝灯録《でんとうろく》』にはこんな話が伝わっている。法華の学者として自信のあった法達さんは、六祖に会って挨拶の礼拝をした時、額がちゃんと床に着かなかった。それを目ざとく見つけた慧能さんは「礼して（頭が）地に投ぜざれば、礼せずに如《し》かず」と指摘するのであった。つまり心が堅いから体も堅くなっていると言うのである。挨拶は心も体も柔らかく心を込めてしたいものである。

74　空ひろく鳥飛んで鳥の如し——坐禅の世界

水清《みずきよ》うして地《ち》に徹《てっ》し、魚行《うおゆ》いて魚《うお》の如《ごと》し。空闊《そらひろ》うして天《てん》に透《とう》り、鳥飛《とりと》んで鳥《とり》の如《ごと》し。

（『正法眼蔵』「坐禅箴《ざぜんしん》」）

坐禅をする人が心の置きどころがわからないと質問する。心の置きどころは「考えでないところを考える。それが考えを超えた世界である」ということになる。人間の心は、外界や考えごとなど何らかの対象に向かって意識を働かせずにはいられない。その対象から自由になることが涅槃寂静《ねはんじゃくじょう》である。すると対象でないところに心を向けるということになる。それは自分自身に心を向ければよい。一番最初の自分自身は、下腹の呼吸である。深い呼吸は、雑音が気になって心が外に向くとすぐ浅くなってしまう。深い呼吸のためには心を下腹に向けておかなければならない。すると知らない間にのぼせが下がって、外界の刺激にすぐに結び付かないでいられるようになる。

そうなるといつの間にか、心を意識的に下腹に向けなくてもいられるようになり、意識的に深い呼吸をしなくても、心が静寂でいられるようになっている。

そうなったら、その自分の中の静けさ、充実感、さわやかさを味わい楽しんでいればよい。その時の澄み、清まって、しかも明晰な世界を「水清うして地に徹し、魚行いて魚の如し。空闊うして天に透り、鳥飛んで鳥の如し」と言っている。

75　菩提心発《ぼだいしんほっ》なり――心で学ぶ

ところをまつにあらざれども、発心《ほっしん》のところにさへられざるあり。境発《きょうほつ》にあらず、

智発《ちほつ》にあらず、菩提心発《ぼだいしんほつ》なり。

（『正法眼蔵』「身心学道《しんじんがくどう》」）

道元禅師四十三歳の年の八月に、宋から如浄禅師の「語録」が送られてきている。この年、十六巻の『正法眼蔵』を提示している。その九月に提唱したのがこの巻である。

仏教の学び方は、心を以て学ぶことと、身を以て学ぶのと二つあるという。心で学ぶというのは「感応道交《かんのうどうこう》」、つまり、仏心と共鳴して、求めの心が起こり、いろいろな心の計らいをめぐらして悟りを学習しているという。その心のおもんぱかりを通して仏の心を働かせているのだという。それを「ひそかに仏祖《ぶっそ》の鼻孔《びくう》をかりて出気《しゅっき》せしめ」というように表現したりする。

その求めの心が起こるのは、外的条件（ところ）が整わなければならないということはない。真実を求める心が働き出す時は、外的条件に妨害されないというのである。

しかも、その発心は、環境から引き起こされるのではなく、知識・自意識から引き起こされるのでもなく、菩提心自体が熟す時、唐突に働き出すのである、と言う。

76　生死は仏のおんいのち――丁寧に生きる

この生死《しょうじ》は、即《すなわ》ち仏《ほとけ》の御《おん》いのち也《なり》。これをいとひすてんとすれば、すなはち仏《ほとけ》の御《おん》いのちをうしなはんとする也《なり》。

（『正法眼蔵』「生死《しょうじ》」）

この巻は説示時期がはっきりしていない。全体九百字ほどで、漢字は要点の言葉だけで、九割は仮名である。女性に与えたものかもしれないのである。

生が来たらそこを丁寧に生きなさい、滅（死）が来たら滅にお仕えしなさい、と言う。仕えるということは丁寧に生きるということである。

そこを嫌ったり、求めたりという取捨選択の心が人生を苦しみにしてしまうのである。私たちは病気をしたり、生きたりする中で、自我の欲求によって過剰に求めるか、無闇に拒絶して逃げるかの両極の行動をしてしまう。しかし、それが私の事実であり、私という存在と命の事実とは同時に成立していることがわかったら、そこから逃げられないし、そこに腹を据えていくしかない。そしたらそこを丁寧に生きて、そこを無心・無我の修行の場にしていくことがよりよき生ということであろう。

仏の命とは、縁起・空《くう》という真理を生きているということである。そこから逃げたら命の尊さを自ら失うことになると言っている。

77　死は生を妨げず――命で学ぶ

尽十方界《じんじっぽうかい》是箇《しこ》真実人体《しんじつにんたい》なり、生死《しょうじ》去来《きょらい》真実人体《しんじつにんたい》なり。……生死《しょうじ》去来《きょらい》真実人体《しんじつにんたい》といふは、いはゆる生死《しょうじ》は凡夫《ぼんぶ》の流転《るてん》なりといへども、大聖《だいしょう》の所脱《しょだつ》なり。……生《しょう》は死《し》を罣《けい》礙《げ》するにあらず、死《し》は生《しょう》を罣礙《けいげ》するにあらず。

（『正法眼蔵』「身心学道」）

体・命で仏道を学ぶというのは、全世界何もかも仏の命（真実人の体）として生きることであり、生じ来たり死に去ること自体を仏の命（真実人の体）として生きることであると言う。生死は凡夫にとっては迷いと苦しみに流される場であるが、仏陀(大聖)にとっては、そこが迷いの輪廻《りんね》を解脱する修行なのだ、と言う。生きているという在り方は死という在り方を妨害してはいないし、死という事実は生という事実を妨害してはいない。命という事実はその時その時全力で花開いているのだから、それを真実たらしめることが仏の命を生きるということである。

78 生死を生死にまかす——仏の生き方

大聖《だいしょう》は生死《しょうじ》を心《こころ》にまかす、生死《しょうじ》を身《み》にまかす、生死《しょうじ》を道《みち》にまかす、生死《しょうじ》を生死《しょうじ》にまかす。

(『正法眼蔵』「行仏威儀《ぎょうぶついいぎ》」)

大聖というのはお釈迦さまである。お釈迦さまは、生き死にを、解脱の心・無心・空の心にまかせている、命自体にまかせている、悟りの道にまかせている、生き死にを生き死に自体にまかせていると言う。

まかせるということは、主体性がないのではない。生死の事実の真実性が信じられるからそれにまかせきる勇気があるのである。

老い、病み、死に直面して、そこで「無心」という仏の生き方を実現するのが仏教徒の生き方なのだと言っていると思う。

79　生死を透脱する――命丸出しに生きる

諸仏《しょぶつ》の大道《だいどう》、その究尽《ぐうじん》するところ、透脱《とうだつ》なり、現成《げんじょう》なり。その透脱《とうだつ》といふは生《しょう》も生《しょう》を透脱《とうだつ》し、死《し》も死《し》を透脱《とうだつ》するなり。……生《しょう》は全機現《ぜんきげん》なり、死《し》は全機現《ぜんきげん》なり。

（『正法眼蔵』「全機《ぜんき》」）

道元禅師の教えを最もよく聞き、信じて、禅師を支えた在家の人としてわかっている人は波多野義重公と覚念という人である。

波多野出雲守五郎義重公といい、藤原鎌足《かまたり》の七代目の田原藤太秀郷《たわらとうたひでさと》の更に十二代目の人で、相模《さがみ》（神奈川県）の領主であり、越前（福井・石川県）の地頭職にあり、六波羅評定衆の一人であるから、鎌倉幕府北条方の重役である。屋敷は六波羅蜜寺のそばであったらしい。

後に道元禅師を越前に招き、源実朝《さねとも》供養のために大仏寺（後の永平寺）を覚念さんと共に建てて、道元禅師に進呈している。号を如是《にょぜ》と言い、道元禅師没後の一二五八年に没している。

道元禅師は仁治三年、四十三歳の十二月に六波羅蜜寺の近くの波多野義重公の幕下でこの巻を説いている。「全機」は圜悟克勤《えんごこくごん》禅師の言葉で、これを取り上げて説法する。「全機」の機は働きである。全は真実の全体という意味と、あなたの全能力という意味であろう。

仏の道が徹底（究尽）すると、求道心も悟り臭さも抜け落ちてしまう。そして、真から無心・空の在り方が実現して来るというのである。

その抜け落ちるということは、生きるという時に生きているという意識をも忘れ、死の時も死を意識しない。

生の時、生きることに仏の命の全体・あなたの求道心・修行力の全体が丸出しだと言うのである。死の時は、死のところに丸出しになっていると言う。

このように見ると、生きている毎日がごまかせないことがわかる。真剣に生きて後悔しないことが生き切ることであり、死を超える道である。このような禅の生き方を武士たちに説いたこと自体が、武士たちの求めていることでもあったと言っていいであろう。

80　自にも他にも逆らわぬ——人は琴・詩・酒を友にする同事

一者《ひとつには》、布施《ふせ》。二者《ふたつには》、愛語《あいご》。三者《みつには》、利行《りぎょう》。四者《よつには》、同事《どうじ》。

（中略）

同事《どうじ》といふは、不違《ふい》なり、他《た》にも不違《ふい》なり、自《じ》にも不違《ふい》なり。……かの琴詩酒《きんししゅ》は人《ひと》を

ともとし、天《てん》をともとし、神《かみ》をともとす。人《ひと》は琴詩酒《きんししゅ》をともとす。琴詩酒《きんししゅ》は琴詩酒《きんししゅ》をともとし、人《ひと》は人《ひと》をともとす。これ同事《どうじ》の習学《しゅうがく》なり。

（『正法眼蔵』「菩提薩埵四摂法《ぼだいさったししょうぼう》」）

この「四摂法《ししょうぼう》」はお釈迦さまが『六方礼経《ろっぽうらいきょう》』などの人間関係学で繰り返し説いたものである。それを取り上げて提唱している。日本仏教ではこれを重視した人は他にあまりいない。

布施というのは、自分の都合や、相手を選ぶことなく、必要としている人の痛みに共感して布《ひろ》く差し上げることで、それは自分のむさぼりを捨てる修行である。

愛語は、愛の心から生まれる。陰で愛語を聞くと肝に銘じ、面と向かって愛語を聞くと顔に表われて喜びになる、と言う。利行は、自己の利害を忘れて人を助ける行為である。

そして、同事というのは、対象と自己との在り方のことである。教育する相手、看護する患者との関係の在り方を問題にすることである。相手に逆らわず、迎合せず、自分に逆らわず、迎合せずということで現代でも教育・看護・部下と上司・カウンセラー・師と弟子などの関係の在り方である。

管弦と詩と酒はいつでもセットである。琴・詩・酒は人と天と神を友にするが、それぞれに迎合せず逆らわず自主性を保ちつつ、相手を楽しませると言う。

さらに琴・詩・酒は琴・詩・酒自体を楽しみ、自身を侵害もしないと言う。真実の人は真実の人と共鳴して自も他も対立しないでいられる自適の世界である。それが同事だと言う。

この巻は寛元元年（一二四三）、禅師四十四歳の端午に説いている。

この前年に、後に臨済宗法灯派を由良（和歌山県）の興国寺に開く心地房覚心の求めによって菩薩戒を授けている。そして、この年には、臨済宗の円爾《えんじ》弁円が開いた博多の承天寺を破却するよう、天台の僧徒が朝廷に圧力を掛けている。

こうした状況の中で、七月中旬に突然、興聖寺を発《た》って越前に赴くのであった。

第五章　春は花夏ほととぎす――今ここで仏を証す

81　苦界をして発心修行させる——運命の中でこそ仏を見よう

釈迦大師《しゃかだいし》道、三界唯一心《さんがいゆいいっしん》、心外無別法《しんげむべっぽう》、心仏及衆生《しんぶつぎゅうしゅじょう》、是三無差別《ぜさんむさべつ》。

（中略）

よく三界《さんがい》をして発心《ほっしん》・修行《しゅぎょう》・菩提《ぼだい》・涅槃《ねはん》ならしむ。

（『正法眼蔵』「三界唯心《さんがいゆいしん》」）

現物が残っていないが、鎌倉末期に鷲尾の道光という人が編集した『渓嵐拾葉集《けいらんしゅうようしゅう》』に、極楽寺の仏法房（道元）が『護国正法義《ごこくしょうぼうぎ》』を書いて、国の在り方を説いたと言う。もちろん、何らかの必要性を要請されていたのであろう。比叡山の僧徒はその評価・判定を朝廷に訴えたため、佐《すけ》の法印に判定を委嘱したところ、これは悟りとしてレベルが低いと判定するに至ったということが記録されていると言う。

これは、一二四二年の初めから、四三年の夏にかけてのことらしい。こういう中で道元禅師を越前に招いたのは、波多野義重公である。旧勢力からの圧力について、公儀関係者である波多野義重公ほかの人々が情報を得て危機を感じていたに違いない。それで道元禅師を説得したのであろう。禅師は、本師如浄禅師が別れの時に、都や貴顕に近付いてはいけないと言った言葉を支えにし、如浄禅師の生まれが越《えつ》の国（浙江省）であることを思って都を捨てる決心をしたという。

こうして越前の吉峰寺に入り、ここを仮の道場とした。そこで最初に説いたのが「三界唯心」である。

三界というのは、欲界（あらゆる欲望に支配されている境界）、色界（欲は脱出できたがまだ物質欲の支配からは解放されていない境界）、無色界（前二つからは解放されたが精神的欲望が残っている世界）の三つである。つまり迷いの世界のことである。

この迷いの世界はただ心の在り方一つである。心のほかに世界があるわけではない。心と仏と迷いの人々との、三つは一体であるという。これは『華厳経《けごんきょう》』の言葉である。

それを説明して、この迷い苦しみの世界を縁として、無心・無我の在り方に向かって発心・修行・菩提・涅槃し続けて行くのが、救いなのだというのである。

道元禅師の周りで起こることや、救いを求めて集まってくる人たちの現実の苦悩を、仏と出会う場であると受け取るのである。

82　百不当の一老なり――求めていればフッとそれになる

いまの一当《いっとう》は百不当《ひゃくふとう》のちからなり、百不当《ひゃくふとう》の一老《いちろう》なり。

（『正法眼蔵』「説心説性《せっしんせっしょう》」）

人は菩提心を起こして後にいろいろ苦心しても、悟りに出会えないことがある。しかし、師と経典に素直に従って学んでいると、当たることがある。それは「百不当のちからなり」と言う。何百回の失敗や苦心の力なのだと言う。その「百不当」努力がフッと「熟成（一老）」した時、あなたは悟りそのものになっているのである。

老という字は「熟す」という意味である。

仏教を学ぶ人の中に、悟る人間の心と、世界を包んでいる仏の性との二つがあり、性が心を働かせるのかという考え方がある。恐らく、そうした質問があったのであろう。

この「性と心」の関係も、先の宇宙霊と個々の現象との関係に似た解釈である。

それに対して、仏の縁起・空なる性が人に発心もさせるのであるから、性が語る時、発心になり、心が語ることが性の働き出しなのである、と言う。だから性と心は一体なのである、と言うのである。真理と悟ることとは別では無く、悟ることが真理の働きなのである。あなたは真理を真理たらしめる働きの主体になるのだと言っているのである。

83　春は花夏ほととぎす――山を愛す

春《はる》は花《はな》夏《なつ》ほととぎす秋《あき》は月《つき》冬《ふゆ》雪《ゆき》さえてすずしかりけり

（『傘松道詠《さんしょうどうえい》』）

越前に赴いた年の翌年九月に大仏寺が建立されるから、それまでの一年二か月は吉峰寺と、大仏寺近くの山師峰《やましぶ》（または禅師峰《やましぶ》）との二か所を拠点に説法を続けている。

ところで越前に来て、二年目の九月に「初雪一尺《ひとかさ》」あまり降ったので和歌を詠んでいる。

長月《ながつき》の紅葉《もみじ》の上に雪《ゆき》ふりぬ見《み》ん人誰《ひとたれ》か歌《うた》をよまざらむ

という感動の歌である。『傘松道詠』には六十五首の和歌（あるいは道歌という）が収録されているが、詠んだ時期がわからないもののほうが多い。特に知られているのが冒頭の

春は花夏ほととぎす秋は月冬雪さえてすずしかりけり

である。川端康成がノーベル文学賞受賞記念の講演で引用したために特に知られるようになる。自然の美に圧倒されて、自我をすて、透明な智慧だけで如実知見《にょじつちけん》している感動である。これは後世の良寛和尚の

形見《かたみ》とてなにか残《の》こさん春《はる》は花夏《はななつ》ほととぎす秋《あき》はもみじ葉《ば》

になっていった。あるいは、

峰《みね》の色谷《いろたに》の響《ひび》きもみな（皆）ながら吾《わ》が釈迦牟尼《しゃかむに》の声《こえ》と姿《すがた》と

草《くさ》の庵《いお》にねてもさめても申《もう》す事南無《ことなむ》釈迦牟尼《しゃかむに》仏憐《ぶつあわ》れみ給《たま》へ

などは、『正法眼蔵』「谿声山色《けいせいさんしょく》」を説いた興聖寺時代かもしれない。

此心《このこころ》　天《あま》つ虚《そら》にも花《はな》ぞなほ三世《みよ》の仏《ほとけ》にたてまつらなん

この澄んだ心は広々とした空に散華《さんげ》する花のように楽しい。更に（なほ）仏に供養したいようだ、と言うのである。これを引き継いだのが良寛さんの歌である。

鉢《はち》の子《こ》に菫《すみれ》たんぽぽこきまぜて三世《みよ》の仏《ほとけ》にたてまつりてな

珍しく庶民の生活をうたったものに、

早苗《さなえ》とる夏《なつ》の始《はじ》めの祈《いの》りには広瀬竜田《ひろせたつた》の政《まつり》をぞする

広瀬竜田は奈良の神社であり、さなぶりの祭りなのであろう。あるいは、

山《やま》のはにほのめくよひの月影《つきかげ》に光《ひかり》もうすくとぶほたるかな

日が暮れきらないので、山の端の月もうすく、ただでさえか弱い光の飛ぶ蛍ははっきり認識出来ないという感興である。しかし、これは『梁塵秘抄《りょうじんひしょう》』の「仏《ほとけ》は常《つね》に在《いま》せども現《うつつ》ならぬぞあはれなる、人《ひと》の音《おと》せぬ暁《あかつき》に仄《ほの》かに夢《ゆめ》にみえたまふ」の世界ではないだろうか。

仏は明るい観念の日常と、人間の概念を捨てた闇との中間の無心のところで出会うので

ある。道元禅師も蛍を通して、そうした世界をうたっているのかもしれないのである。

84 魔に誘われて発菩提心するもあり――仏縁の不思議

おほよそ菩提心《ぼだいしん》の因縁《いんねん》、ほかより拈来《ねんらい》せず。菩提心《ぼだいしん》を拈来《ねんらい》して発心《ほっしん》するなり。菩提心《ぼだいしん》を拈来《ねんらい》するといふは……いさごをもて供仏《くぶつ》し、漿《こんず》をもて供仏《くぶつ》するなり。……他《た》のすめによりて片善《かたぜん》を修《しゅ》し、魔《ま》に嬈《にょう》せられて礼仏《らいぶつ》する、また発菩提心《ほつぼだいしん》なり。

（『正法眼蔵』「発無上心《ほつむじょうしん》」）

「尊い」と思う心は本心の働き出しである。悟りを求め、無心を喜ぶ心である。そのご縁は、他から与えられるものではなく、自身の菩提心を取り上げ用いて菩提心が働き出すのである。その在り方は、仏陀に砂遊びの団子を供養した子供や、王の命令で仏教僧に布施を禁止された村でお米のとぎ汁（漿）を供養した婦人のような仕方もある。あるいは人に誘われて、少しばかりの積善をする縁の人もあり、欲望や面子《めんつ》という悪魔に誘われて仏を礼拝するという人もいよう。しかし、いずれも菩提心の働き出しなのである、と言う。

85　慮知心をもて菩提心をおこす――雪上加霜《せつじょうかそう》

菩提心《ぼだいしん》をおこすこと、かならず慮知心《りょちしん》をもちいる。……この慮知心《りょちしん》を菩提心《ぼだいしん》とするにはあらず、この慮知心《りょちしん》をもて菩提心《ぼだいしん》をおこすなり。菩提心《ぼだいしん》をおこすといふは、おのれいまだわたらざるさきに、一切衆生《いっさいしゅじょう》をわたさんと発願《ほつがん》し、いとなむなり。……感応道交《かんのうどうこう》するところに発菩提心《ほつぼだいしん》するなり。この心《こころ》をおこすよりのち、……さらに菩提心《ぼだいしん》をおこす、雪上加霜《せつじょうかそう》なり。

（『正法眼蔵』「発菩提心《ほつぼだいしん》」）

心には心臓と心要と慮知の心とあり、慮知心は、ものを考える心であると言う。その考えるという働きは、多くは人間の自我に汚れたりしている。従って、この慮知の心が菩提心ではない。その慮知の働きを借りて菩提心を起こすのであると言う。慮知とは人間としてどうしたらよいかという、おもんぱかりである。その時、仏心と感応し、痛みと共鳴して人を助けようとおもんぱかるところに仏心が働き出すのだと言う。

人を助けようとすることを「自未得度先度他《じみとくどせんどた》」であるという。自分の利益を忘れて人を助けようとする心である。度というのは「渡す」ということである。

この悟りを喜ぶ心を起こしてから、更にそれを深めるために努力・喜びを続けるのは、雪の上に更に霜が降りるように、余計かもしれないが、更に確かめ飾る修行だというのである。

86　悟りの力に助けらる——凡夫が悟るのではない

仏法《ぶっぽう》は、人《ひと》の知《し》るべきにあらず。この故《ゆえ》に昔《むか》しより、凡夫《ぼんぶ》として仏法《ぶっぽう》を悟《さと》るなし。…独《ひと》り仏《ほとけ》にさとらるる故《ゆえ》に、唯仏与仏《ゆいぶつよぶつ》、乃能究尽《ないのうぐうじん》と云《い》ふ。

はるかに越《こ》えて来《きた》れるが故《ゆえ》に、悟《さと》りとは、ひとすじにさとりのちからにのみたすけら

る。

（『正法眼蔵』「唯仏与仏《ゆいぶつよぶつ》」）

これは『法華経』「方便品《ほうべんぼん》」の言葉を提唱したものである。

仏教は人間には理解出来ない、だから凡夫が悟ったためしはない、と言う。何と薄情な言葉であろうか。ところが考えて見ると、仏は自我を超えている。凡夫とは自我に沈んでいるのだから、全く異質な者であって、異質な者が出会うというのは矛盾である。

悟るという時は、悟りに共鳴しているから悟るのであって、それは仏の世界に突き動かされた時に実現するのである。だから「独《ひと》り仏《ほとけ》にさとらるる故《ゆえ》に、唯《た》だ仏《ほとけ》と仏《ほとけ》とのみ、乃《いま》し能《よ》く究尽《ぐうじん》（徹底）したもう」のである。

それは人間の理解・概念をはるかに超えてやって来るから、悟りというものは、人間の力ではなくまっすぐに悟りの力に催され、助けられて立ち現われてくるものであると言う。

道元禅師という人はこのような感動的な言葉を語る人だったのである。

87　お経が私に誦ませているのだ――真実に催される

しかあれば、経巻《きょうかん》は如来全身《にょらいぜんしん》なり。経巻《きょうかん》を礼拝《らいはい》するは、如来《にょらい》を礼拝《らいはい》するなり。経巻《きょうかん》にあひたてまつるは、如来《にょらい》にまみえたてまつるなり。経巻《きょうかん》は如来舎利《にょらいしゃり》なり。

（『正法眼蔵』「如来全身《にょらいぜんしん》」）

この経《きょう》のわれらに受持読誦《じゅじどくじゅ》せらるるは、経《きょう》のわれらを摂取《せっしゅ》するなり。

（『正法眼蔵』「仏経《ぶっきょう》」）

お経は仏陀の言葉である。だからそれは仏陀の全身であり、それを有り難いと拝むのは仏陀を拝むことであり、お経は仏陀のお舎利なのだと言う。

私が、そのお経を有り難いと思い、それをいただき、保ち、読書し、声に出して誦《よ》むのは、実は私が読んでいるのではなく、仏心というお経の命が私をすくい取っていて下さったからなのであると言う。

88　他のためにして自分が楽しむ——自証三昧の世界

為説《いせつ》はかならずしも自他《じた》にかかはれず。他《た》のための説著《せつぢゃく》、すなはちみづからのための説著《せつぢゃく》なり。自《じ》と自《じ》と、同参《どうさん》の聞説《もんせつ》なり。一耳《いちに》はきき、一耳《いちに》はとく。一舌《いちぜつ》はとき、一舌《いちぜつ》はきく。……しかあれば、東辺《とうへん》にして一句《いっく》をききて、西辺《せいへん》にして一人《いちにん》のためにとくべし。これ一自己《いちじこ》をもて、聞著説著《もんぢゃくせつぢゃく》を一等《いっとう》に功夫《くふう》するなり。……為他《いた》の志気《しいき》を衝天《しょうてん》せしむるなり。しかあるによりて、自他《じた》を脱落《だつらく》するなり。

（『正法眼蔵』「自証三昧《じしょうざんまい》」）

修行ということは、努力によって悟りを獲得する、と普通は考える。すると修行は手段、悟りは結果というように違うものになってしまう。あるいは、修行は前、悟りは後というように時間的前後になって、違うものになる。

それに対して、六祖慧能《えのう》は「修行と悟りの関係は無いわけではない。どこまでが修行でどれが悟りだなどと、意識に染汚《ぜんな》することはできないのだ」と言った。

これを説明して、道元禅師は、人のために仏教を説くのは、人に理解させることと自分がより深く受け取る悟りと同時に成立しているのだと言う。それは教える私（説く耳、説く舌、西辺の私）と学ぶ私（聞く耳、聞く舌、東辺の私）が同時だと言う。同参とは同行二人《どうぎょうににん》と同じ意味で、仏と道連れということである。

だから、人のために精一杯、天を衝《つ》くほどの勇気を持ちなさい。そうすれば自分と他人、修行と悟りという対立を忘れて、何をやっても自分で喜び楽しむという世界が開けるであろうと言うのである。

89　僧業とは雲堂裏の坐禅、礼拝、洗面——僧になるとは

いはゆる、正業《しょうごう》は僧業《そうごう》なり。雲堂裏《うんどうり》の（坐禅）功夫《くふう》なり、仏殿裏《ぶつでんり》の礼拝《らいはい》なり、後架《ごか》裏《り》の洗面《せんめん》なり。……以頭換尾《いとうかんび》なり。

（『正法眼蔵』「三十七品菩提分法《ぼんぼだいぶんぽう》」）

道元禅師の仏教はお釈迦さまの原点に帰ることを目指している。だから、宗派という呼び方はしなかった。教えにしても、仏教学の原点を軽視することなく、丁寧に教える。この「三十七品菩提分法」というものは、原始仏教以来尊重されてきたもので、学ぶべき、四念住、四正断、五力、八正道《はっしょうどう》など、三十五項目集めたものである。

その他にも『正法眼蔵』「一百八法明門《ひゃくはちほうみょうもん》」などは、初心者が学ぶべき項目を挙げて解説したもので、やはり基本の学び方をキチンと指導するものである。

「三十七品菩提分法」の最後はお釈迦さまの「初転法輪」の「八正道」である。その中の正業（正しい生き方）とは、僧になることだと言うのである。僧とは僧の生き方に投げ入れることであり、愚かで煩悩の私の頭を仏の尾っぽに変えることだと言う。在家の人は世間のしがらみのゆえに苦しむ。その苦しみが、徹底して心底ここから抜け出たいと思い、そこから自由になった仏陀の生き方にあこがれたのなら、僧侶になるべきであると言う。

仏教を学ぶと言っても、世間にいて、その枠内で学ぶ人と、その枠がつらくてそれを超えた世界に投げ入れて解放されたい人とでは学び方が違わなければいけない。

僧は全身を投げ入れて、剃髪し、染衣に身を包んで、仏の空・無心を体現しているから在家の人々の心の灯になりうるのである。

僧になりながら、僧になりきれない人は「本分」になっていないというのである

90 法喜禅悦の充足する所なり——食は法なり

食《じき》において等《とう》なれば、諸法《しょほう》も等《とう》なり。……ここをもって法《ほう》はこれ食《じき》、食《じき》は法《ほう》なり。この食《じき》は法喜禅悦《ほうきぜんねつ》の充足《じゅうそく》する所《ところ》なり。

（『赴粥飯法《ふしゅくはんぽう》』）

寛元二年（一二四四）、道元禅師四十五歳の四月に大仏寺法堂《はっとう》の立柱式を行ない、七月に開堂供養を行ない、傘松峰大仏寺と命名している。そして、十一月に僧堂の上棟式を行なっている。僧堂建立信心の檀那は左金吾禅門覚念、子息右衛尉藤原時澄であるという。式の後、大工に馬二匹、鍛冶などの職人に馬一匹ずつ、参詣の男女千人に白餅一枚ずつ下

されたという（『建斯記《けんぜいき》』）。しかし、まだまだ諸堂は不十分で疎らであったらしい。中国の禅宗風の七堂伽藍を目指していたが、それらが完成するのは禅師没後のようである。

そして、翌年の四月に大仏寺を永平寺と改めている。中国へ仏法が伝わったのは後漢の永平年間（西暦五八～七五）であるところから、この名をつけ、その時の法語に、お釈迦さまが誕生した時、「天上天下唯我独尊」と言ったから、私は「天上天下当処永平」であると言っている。ここここそ仏法が伝わるところであるという宣言である。

こうして修行の設備が整うに従って、大勢の雲水の修行の方法も不足を補って行く必要がある。その一つに僧堂での食事作法、お給仕作法を整備した『赴粥飯法』がある。

それには、食事が平等であれば一切を通貫し、一切に平等に実現する真理も行き渡っている。ものごとを分け隔てしない無心・空の真実（法）は食となり、食は真実となっている。その時、法を喜び、禅の静けさを悦ぶ心が充実しているのだと言うのである。

91　荒磯の浪もえよせぬ静寂な心――鎌倉での説法

宝治元年丁未年《ほうじがんねんひのとひつじのとし》、鎌倉に在って最明寺殿北の御方、道歌を御所望の時、教外別伝と詠み給ふ。

荒磯《あらいそ》の浪《なみ》もえよせぬ高岩《たかいわ》にかきもつくべき法《のり》ならばこそ

（『傘松道詠《さんしょうどうえい》』）

宝治元年（一二四七）に道元禅師は鎌倉に行くことになる。波多野義重公と浄土宗の三祖・鎌倉光明寺開山の良忠上人の切なる要請によると言われている。

良忠上人は、若い時に道元禅師に参じている。良忠上人は『看病用心抄』という死に行く人の看取りかたを書いたのでも有名である。

執権北条時頼に説法するためであった。宿舎は名越の家であった。海に近いところである。この旅は六か月であった。

北条氏の鎌倉幕府は泰時死去後、跡継ぎの夭折が続き、それに乗じた後家人の謀反なども続き、騒然とした時代が続くが、一二四六年に時頼が執権になり、三浦氏一族の殲滅《せんめつ》で幕府をまとめた時期であった。

この間に執権時頼に菩薩戒を授与している。その他、在家の信者多数に菩薩戒を授けていると言う。

その時、道歌を望まれたので「教外別伝《きょうげべつでん》」と題して詠んだのである。

荒磯の浪もえよせぬ高岩にかきもつくべき法ならばこそ

荒磯の波さえ届かない高い岩は牡蛎殻《かきがら》もつくことが出来ない、そのように、言葉で書き尽くせない真実静寂な悟りの心だ、という意味である。

鎌倉での和歌は十首記録されている。その中に、

詠応無所住而生其心《えいおうむしょじゅうにしょうごしん》

水鳥《みずとり》の行《ゆ》くも帰《かえ》るも跡《あと》たへてされども路《みち》はわすれざりけり

がある。応無所住而生其心は『金剛経』の言葉で、「応《まさ》に住《じゅう》する所無《ところな》くして、而《しか》も其《そ》の心《こころ》を生《しょう》ず」と読む。ものごとにとらわれることなく、しかもその時その場であるべきように

心が働くということである。それを水鳥の歌に詠んでいる。先に『正法眼蔵』「坐禅箴《ざぜんしん》」で紹介した「空闊《そらひろ》うして天《てん》に透《とう》り、鳥飛《とりと》んで鳥《とり》の如《ごと》し」の心ではないだろうか。

92　雲喜び、山を愛するの愛――永平寺に帰る

出去半年余《しゅっきょはんねんよ》、猶《なお》、孤輪《こりん》の太虚《たいきょ》に処《しょ》するが若《ごと》し。今日《こんにち》、帰山《きさん》、雲喜《くもよろこ》ぶ気《き》。山《やま》を愛《あい》するの愛《あい》、初《はじ》めよりも甚《はなはだ》し。

（『永平広録《えいへいこうろく》』「三・二五一」）

宝治二年（一二四八）三月十三日に道元禅師は鎌倉から永平寺に帰着して、翌十四日に上堂して法語を述べている。それによると昨年八月三日に山を出て、鎌倉に赴いて、檀那俗弟子のために説法をした。その教えは「修善《しゅぜん》の者《もの》は昇《のぼ》り、造悪《ぞうあく》の者《もの》は堕《お》つ、修因感果《しゅういんかんか》、抛塼引玉《ほうせんいんぎょく》而已《のみ》なり」であった。そして帰山底の一句が、標題の言葉である。

鎌倉へ行くためには、僧侶の弟子、人足、警護の武士、道中の経費などが必要であったろうから、波多野氏などが主として用意したであろう。道中経路はわかっていないが、幕府の人脈を通して各地の武士宅、寺院などを宿舎としながらの旅であったに違いない。

鎌倉で北条時頼に示した法語は、『大般涅槃経《だいはつねはんぎょう》』にある、阿闍世《あじゃせ》王が奸臣《かんしん》たちと父王を欺いた悪業因縁物語であるという。

恐らく、時頼公の関心がその辺にあったのであろう。源平の戦い以来、国をまとめて行く要路の人々が嫌でもせざるを得ないことが、殺戮《さつりく》である。つい最近、三浦氏一族を殲滅《せんめつ》したばかりである。中世の武士たちは敵味方供養を真剣に行なっている。

道元禅師の説法が、阿闍世王の悪業譚であり「修善の者は昇り、造悪の者は堕つ」というものだったのも、こうした要請によるものであったに違いない。

善を行なえば心は昇り、悪を行なえば闇の世界に落ちる。瓦（悪・塼）を抛《な》げ捨てて、玉（良きこと）を引き寄せる決意が必要である。それが発心《ほっしん》というものであろう。

その百三十年ほど後に、臨済宗の義堂周信《ぎどうしゅうしん》と太清宗謂《たいせいそうい》が足利義満と対談した際に、義満が「万一変あらば、天下を棄てんと欲す。当《まさ》に永平長老の平氏（時頼）に勧むるが如くすべし」と言ったので、義堂たちは賛成したという記録があるという。

このことから、時頼の悩みに対して、道元禅師が政界から引退して遁世出家することを勧めたのであろう。最も、これが後に、道元禅師は時頼に大政奉還を勧めたというように解釈されたこともあったようである。

さて、永平寺に戻った道元禅師は、法語の中で、在家用の特別の法を説いたのではないと言っている。そして、執権家に説法したからといって、名誉・布施になずむわけではないということを「猶、孤輪の太虚に処するが若し」孤独な月が大空にいるようだと言う。そして「雲喜び、山を愛するの愛、初めよりも甚し」と、落ち着くべきところに落ち着いた喜びを表明している。

93　不昧因果と滅罪清浄——責任と懺悔

三時《さんじ》の悪業報《あくごっぽう》、かならず感《かん》ずべしといへども、懺悔《さんげ》するがごときは、重《じゅう》を転《てん》じて軽《きょう》受《じゅ》せしむ、また滅罪清浄《めつざいしょうじょう》ならしむるなり。善業《ぜんごう》また、随喜《ずいき》すればいよいよ増長《ぞうちょう》するなり。

（『正法眼蔵』「三時業《さんじごう》」〈別本〉）

鎌倉の執権北条時頼の聞きたかったことが、主として善・悪因果の問題であったらしいことがわかる。これに関する道元禅師の提唱は、一つは四十五歳の時に吉峰寺で示した「大修行」で、これには草稿と思われる説時不詳の「深信因果」があり、次に説時のわからない「三時業」である。これには内容が重複する「別本」と言われる巻がある。

「大修行」では、百丈懐海《ひゃくじょうえかい》の話を取り上げる。百丈が説法する時、いつでもいる聴衆の一人がある時、自分は昔、修行僧が「悟った人は因果の支配を受けるかと聞いたので、因果から解脱するのだから、因果の支配は受けない（不落因果）と答えたために、これが間違いだと見えて、キツネになってしまった」と言い、正しい答えを教えてほしいと言う。

百丈は「不昧《ふまい》因果」と答える。悟ったからこそ善悪の因果はごまかせないのだ、という意味である。翌朝、裏山でキツネは死骸になっている。つまり、キツネの身から解放されていたという話である。

「三時業」は、人間の善・悪の心と行為（業）の影響力（報）は三つの時間差で現われるという仏陀の教えを取り上げる。これは親鸞聖人も取り上げている。

今行なった行為（業）の影響力が今すぐ現われるもの（順現報受、または順現法受）、しばらく経《た》って現われるもの（順次生受）、ずっと後に現われるもの（順後次受）とである。

お釈迦さまは、絞った乳になぞらえている。牛や羊の乳はかき回して行くと、すぐ固まる成分と、しばらくして固まる成分と、なかなか固まらない成分とに分かれていくのである。

善・悪の行為の影響力である因果と言う時、三つの問題がある。

第一は、影響力の時間差を、今の人生、次の生、というように生まれ変わりでのみ解釈してよいかどうかである。生まれ変わりにのみ考えるところから、精霊信仰的解釈が混入するからである。それも含めながら、今の人生の中でもこの三つの時間差による影響はある。従って、柔らかく解釈すると心豊かになろう。

第二は、影響力を、形に見える不都合なことにのみ結び付ける解釈である。世俗的不都合な立場や、幸・不幸、障害のあるなしなどに結び付けて、そういう現実の人を過去の悪《あく》業《ごう》の結果というように祟《たた》り霊による説明原理にしてしまう過《あやま》ちが起こるのである。

第三は、善・悪を、幸・不幸、健康・不健康というこの世の人間のご都合の立場で解釈してしまうことである。悪とは、人間としての「善さ」から遠ざかっていることである。

三時の悪業報は、①かならず感ずべしといへども、「懺悔すれば」②重を転じて軽受せしめ、③また滅罪清浄ならしむるなり、と言う。

①人間の心と行為の影響力はごまかしようがない。しかし、自らの罪に気が付いて、仏心に照らされて懺悔心が働き出して、自分は間違っていましたと表明すると、②周りもその勇気と良心を認めて許し、罪一等を減じて行くのである。そして、自分の責任を背負って行こうという覚悟の時、再び悪業を繰り返す心は消えているから、③滅罪清浄なのである

る。反省とは、善を認め、善の正当性を世間に確認し、広めることである。

94　生老病死を場として無心に覚める――病を学ぶ

調馬《ちょうめ》の者《もの》に四種《ししゅ》あり。

一者《ひとつには》、触毛《そくもう》（で御者《ぎょしゃ》に従《したが》う）。**生《しょう》を説《と》くに便《すなわ》ち仏語《ぶつご》を受《う》く。**

二者《ふたつには》、触肉《そくにく》（〃）。**生老《しょうろう》**〃。

三者《みつには》、触骨《そくこつ》（〃）。**生老病《しょうろうびょう》**〃。

四者《よつには》、触髄《そくずい》（〃）。**生老病死《しょうろうびょうし》**〃。

（『正法眼蔵』「四馬《しめ》」）

道元禅師は、鎌倉から帰った年に永平寺の山号を傘松峰から吉祥山に変えている。翌年に「羅漢供養会」を修行している。山門上の十六羅漢像が完成したのであろうか。禅宗では羅漢像を大切にする。また、今後の僧団の在り方のために「永平寺住侶規制」を制定している。また月見の像といわれる肖像画に賛《さん》（言葉）を書いている。禅僧は没後に葬儀などのために「頂相《ちんぞう》」という肖像画を残す習慣があるから、ご自分の遷化《せんげ》（死亡）を予感し始めていたのであろうか。

翌年五十一歳の建長二年に、後嵯峨上皇から紫衣の下賜《かし》があったが再三辞退した。ついに許されなかったので拝受したが、生涯身に着けなかったという。

建長四年、禅師五十三歳の秋に病気になったという。禅師の病気についての受け止め方は「四馬」にまず見ることが出来る。これは説時がわかっていない。

『阿含経《あごんきょう》』の四馬は、鞭《むち》の影をみて走る馬、鞭が毛に触れて、鞭が皮に触れて、鞭が肉に触れて走り出す四種の馬を挙げて、一は他人の無常を聞いて悟り、二は自分の無常を知って悟り、三は己《おのれ》の親の無常で、四は自分が病気になって悟るという。

次に『涅槃経』の四馬を取り上げる。それが冒頭の言葉である。

仏陀は、生老病死を離れなさいと言っているのではない。つまり、そこから逃げてはいけないのである。また、生老病死が仏の道だとも言ってはいない。生老病死を縁として、そこで無心の悟りを実現するために説いているのだと言っている。

95　人身をうること難《かた》し――仏の入滅に己《おのれ》を重ねる

仏法《ぶっぽう》にあひたてまつること無量劫《むりょうごう》にかた（難）し。人身《にんしん》をうること、またかたし。

（『正法眼蔵』「八大人覚《はちだいにんがく》」）

病を得た道元禅師は、建長五年（一二五三）五十四歳の正月六日に、この巻を示している。「八大人覚」というのは、仏陀が、八十歳の時、病身を抱えながら北に向かって旅を続け、クシナガラの村外れ、沙羅《しゃら》の林で涅槃に入る前に説いたと言われる『仏垂般涅槃略説教誡経《ぶっしはつねはんりゃくせつきょうかいきょう》』の後半部分の説法である。八項目の大人《だいにん》の守るべき徳である。少欲、知足、楽《ぎょう》寂静（静寂を願う）、精進、不忘念《ふもうねん》（悟りに心をつなぎ留める）、禅定、智慧、不《ふ》戯論《けろん》（心を汚すつまらない話をしない）である。仏陀の入滅は二月一五日であった。

道元禅師は釈尊に帰る信仰であるから、こうした仏陀の直説を大切にしたのである。同時代で釈迦信仰の人は栂尾《とがのお》の高山寺明恵上人《みょうえしょうにん》であった。

ご自分の死を感じ始めたのであろう。仏陀の最後の説法を丁寧に説明し、その後に、この教えの尊いことを、強く訴えている。

その中で、仏陀の教えに会うことは、難値難遇であり、人間として生まれたことは掛替えがないのだから、その仏縁（宿殖善根）を感謝して、それを更に育て増長し、人のために説きなさい、と呼び掛ける説法である。それは仏陀の入滅に自ら直接していくあこがれと、自己の死をそこに重ねていくことで、仏法で飾っていくことではないだろうか。

劫《ごう》というのは、インドの時間観念で、有限だが無限に近い長い時間のことである。

96　胸に満《みつ》る涙、湖を鎖《と》ざす――道の友を失う

二十七年《ねん》、古債《こしゃく》、未《いま》だ転《てん》ぜず。虚空《こくう》を踏翻《とうほん》して、投獄《とうごく》すること箭《や》の如《ごと》し。

夜来《やらい》、僧海枯《そうかいか》れぬ。雲水幾《うんすいいくば》くか嗚呼《ああ》す。徹底《てってい》、汝《なんじ》、見《み》ゆと雖《いえど》も、胸《むね》に満《みつ》る涙《なみだ》、湖《みずうみ》を

鎖《と》ざす。

(『永平広録』「一・一一一」)

道元禅師の死に対する態度はどんなものであったろうか。先に22節で全禅人《ぜんぜんにん》の子供の死に際しての励ましの言葉があった。ここでは僧海という雲水の死に際しての言葉である。かなり長年に亘って禅師を慕い、修行を続けた人であるという。二十七歳であったのであろう。煩悩という古い借金をまだ返し切っていないのに、天空を一気に飛び超えてアッという間に地獄に行ってしまった。

昨夜、僧海さんは枯れてしまった。同輩雲水たちの悲しみは計り知れない。もしも君が悟りに徹底したとしても、(私たちの別れの悲しみは)胸に満ちる涙が湖をいっぱいに鎖《とざ》してしまうだろう。

こんなに悲痛で、弟子想いの言葉を語るのが道元禅師なのである。

他にも何人かの僧の死について悲しみの法語を述べている。

97　生の終わる時、励んで南無せよ――心を仏につなぐ

またこの生《しょう》のをはるときは、二《ふた》つの眼《まなこ》たちまちにくらくなるべし。そのときすでに生《しょう》のをはりとしりて、はげみて南無帰依仏《なむきえぶつ》ととなへたてまつるべし。

（『正法眼蔵』「仏道《ぶつどう》」〈別本〉）

病を得た道元禅師に、よい医師に治療してもらうように勧めたのは波多野義重公であった。意を決した禅師は、懐弉《えじょう》（一一九八〜一二八〇）に自分で縫った袈裟を与えて、永平寺の住持職をゆずり、かけつけた徹通義介（一二一九〜一三〇九）に将来を託したと言う。しかし、義介和尚には「老婆心が足りない」と諭したと言う。

こうして、五十四歳の八月五日に永平寺を出発したのである。北陸道を敦賀へ出て、丹波路を経て、京都に入る道であったという。途中にある難所が木の目山である。福井県人はこの山を境にして嶺北、嶺南というくらい、南北を分ける大きな山である。峠での和歌は、

草《くさ》の葉《は》に首途《かどで》せる身《み》の木《き》の目山空《めやまそら》に路《みち》ある心地《ここち》こそすれ

「空に路ある」は「雲に路ある」という本もある。病身の足元がおぼつかない気持ちか、早く旅を終えたいという気持ちか、永平寺へすぐにも帰りたいという気持ちか、いずれにしても再び越前に戻れないという予感の旅であったろう。

義介和尚はここで別れ、留守の永平寺を守ることになる。

八月十五日に、京都の俗弟子覚念の屋敷に入る。先の大仏寺僧堂の上棟式に名前が出てきた人である。高辻西の洞院通りというのは、今日の西本願寺の少し東である。

ここでの療養中に詠んだ和歌は、

また見《み》んとおもひし時《とき》の秋《あき》だにも今宵《こよい》の月《つき》にねられやはする

というのである。何十年振りかで都で名月を見る秋ではあるが、今夜の月は眠れない、と言うのである。老病の身となって、故郷に帰り、落ち着きと衰弱の予感との入り交じった気持ちであろうか。

さて、死に直面した時の仏教徒はどのように生きたらよいのだろうか。禅師は「仏道」

巻でそれを示している。「仏道」の巻は二つある。説時のはっきりしない巻を「別本仏道」としている。その中に冒頭の言葉がある。

仏道を求めるには、第一に「道心」が必要だと言う。それは自我を捨てて法にあこがれることだと言う。第二に、「つぎには、ふかく仏法僧三宝をうやまひたてまつるべし。生をかへ身をかへても、三宝を供養し、うやまひたてまつらんことをねがふべし」と言う。

仏と、その教え（法）と、それに帰依し維持する仲間（僧）の三宝を拠りどころにしなさい。仏にあこがれ、仏を拠りどころにし、仏に心をつなぎ続けよ。「またこの生のをはるときは、二つの眼たちまちにくらくなるべし。そのときすでに生のをはりとしりて、はげみて南無帰依仏ととなへたてまつるべし」と言うのである。

キリスト教の天国も、念仏の浄土も、日蓮宗の霊山往詣《りょうぜんおうけい》も、死後と神仏の救いの世界とを重ね合わせているのである。現代の死の看取りでも、この世の満足と、それによって照射された満ち足りたあの世とが、死の恐怖を超えさせると考えている。

禅の死後への在り方が明快に示されていると言えよう。

98　この所は即ちこれ道場なり――病のところで仏を証す

若《も》しは園中《おんちゅう》においても、若《も》しは林中《りんちゅう》においても、若《も》しは樹下《じゅげ》にても、若《も》しは僧房《そうぼう》においても、若《も》しは白衣《びゃくえ》の舎《いえ》にても、若《も》しは殿堂《でんどう》に在《あ》っても、若《も》しは山谷曠野《せんこくこうや》にても、是《こ》の中《うち》に皆応《みなまさ》に塔《とう》を起《た》てて供養《くよう》すべし。ゆえいかんとなれば当《まさ》に知《し》るべし。是の処《ところ》は即《すなわ》ち是《こ》れ道場《どうじょう》にして、諸仏《しょぶつ》はここにおいて阿耨多羅三藐三菩提《あのくたらさんみゃくさんぼだい》を得《え》、諸仏《しょぶつ》は此《ここ》に於《お》いて法輪《ほうりん》を転《てん》じ、諸仏《しょぶつ》ここに於《お》いて般涅槃《はつねはん》したもう。

（『法華経《ほけきょう》』「如来神力品《にょらいじんりきぼん》」『建撕記《けんぜいき》』）

覚念の屋敷において、ある時、起き上がって室内を静かに歩きながら、低声にこの経の文を唱えたという。従ってここに挙げたのは道元禅師の言葉ではない。禅師の最後の心のこもった言葉として取り上げておこう。

やがて、この文を前面の柱に書き付けて、最後に「妙法蓮華経庵」と書いたという。

仏陀は、安居が終わって旅に出る時、「汝ら一人して行け」と言った。そして、遊行中は山林、荒野、墓地、空き屋などに泊まることがあるだろう。そんな時、恐怖心が起きるに違いない。そうしたら、私を思い出しなさい、恐怖心を去ることが出来るであろう。私を思い出せなかったら、私の言葉を思い出しなさい。それが出来なかったら、仲間を思い出しなさい。そしたら恐怖心を取り去ることが出来るであろうと言っている。

こうした仏陀の言葉を踏まえている経の言葉であろうか。

たとえどこにいても、そこで仏を供養しなさい。なぜなら、そこが仏方の発心・修行・菩提・涅槃の場だからである、というのが経の意味である。

道元禅師は、ご自分の病、あるいは死に近いことを感じ取ってか、この老・病・死の場こそ、仏の心を実現する場であり、無心を修行する場であり、それを確かめていく場であると言っているのである。

だからこの世は「妙法蓮華経の家」なのだと言っているのである。道元禅師が十五歳で持った「人はなぜ修行するのか」という疑問に、ご自分の最期にも答えているのである。人は人生のすべての場で煩悩に醒め、無心を確かめ続けていくのであると。

99　活《い》きながら黄泉《こうせん》に陥《お》つ――あの世で悟りを照らそう

五十四年《ねん》、第一天《だいいちてん》を照《て》らす。
箇《こ》の踍跳《ぼっちょう》を打《だ》して、大千《だいせん》を触破《しょくは》す。
渾身《こんしん》覓《もと》むる無《な》く、活《い》きながら黄泉《こうせん》に陥《お》つ。
咦《いい》

（『建撕記』）

道元禅師は建長五年（一二五三）八月二十八日（旧暦）、夜の明けない頃に冒頭の「遺《ゆい》偈《げ》」を書いて、筆をなげうって入滅したという。

この言葉は、どう理解すべきだろうか。「活きながらあの世（黄泉）に行く」とは何のことだろう。「生きる」とは「五十四年、第一天を照らす」にかかるのではないだろうか。するると、「私の人生はひたすら第一天、すなわち仏法を求め照らし続けてきた。この命、この場から跳び上がって、この迷いの三千大千世界をぶち破ろう。全身求めるものはもう何もない。この人生で見続けてきた仏法を見続けてあの世に行こう。ああ」と訳すことが出来る。

すると、息絶える時、三宝を思えという教えも、「是《こ》の処《ところ》は是《こ》れ道場《どうじょう》なり」という表明も、この「遺偈」も一貫していることがわかる。禅僧は死に際して、自己の境界《きょうがい》を表現した詩を残すことが伝統になっている。それを「遺偈」という。

この「遺偈」の中の「大千」について付け加えておこう。人間は自分の世界だけが正しいと思い込んでいる。しかし、他の者には他の世界がある。だから千世界である。これを小千世界という。

しかし、もっと多くの自分の知らない世界があるに違いない。それで小千世界掛ける千で中千世界である。

しかし、更に多くの世界に私たちは支えられているに違いない。そこで更に千掛けると大千世界である。千を三回掛けるから「三千大千世界」と言うのである。つまり無限大に支え合っているこの世のことである。

入滅した道元禅師のご遺体は、いったん天神中の小路の草庵に運ばれ、その後、東山赤辻の小寺に移し、茶毘《だび》に付して収骨したという。現在の円山公園南側の西行庵裏であると言われている。

遺骨は九月六日に懐弉《えじょう》に伴われて京を発ち、十日の夕刻に永平寺に到着したという。そして、入涅槃の儀式を行ない、永平寺の西の隅に塔を建てて、承陽庵と名付けた。

後に江戸末期になって、孝明天皇から「仏性伝灯国師」の諡号を受け、明治になって「承陽大師」の号を受けている。

100 欲望がなければ諸仏同道——その後の道元禅師信仰

三輪《さんりん》清浄《しょうじょう》にして希望《けもう》する所無《ところな》ければ諸仏同道《しょぶつどうどう》なるものなり。

(『仏祖正伝菩薩戒教授戒文《ぶっそしょうでんぼさつかいきょうじゅかいもん》』)

道元禅師の滅後の日本は、蒙古襲来という大事件に席巻され、更に南北朝の争いという時代になっていく。

そんな中で、弟子たちは道元禅師の著述の整理、その解釈をコツコツと進めると同時に、永平寺の施設の充実を進めていた。永平寺教団には三代後に瑩山紹瑾《けいざんじょうきん》禅師が出て、寺院をつくり、弟子を育て、この人たちが全国に散っていき、永平下五世代頃の僧たちが在地の武士たちの帰依を受けて全国にくまなく広がっていった。京・鎌倉を中心に活躍した臨済禅と比較して「臨済将軍・曹洞土民」と言われるようになる。

道元禅師の教えが在地武士を中心に歓迎された理由は、戒律を伝える血脈《けちみゃく》にあったと言われている。お釈迦さま以来、絶えることなく人格から人格へと伝えた教えの証明である。

受戒は仏教徒の証明であり、戦場に赴く武士たちにとって、心の支えでもあり、同時に命のお守りにもなったらしいのである。しかも、死んだ後も仏の弟子として安心出来る支えであった。更に、大勢の人を殺しているこの時代の人々にとって、死者の怨霊は恐ろしかったはずである。道元禅師の血脈がそうした恐れを払う支えとして理解されたのなら、仏法の安らぎの力が人々を救っていたのである。

禅師の戒律の解説には表記の「戒文」が中心である。冒頭の言葉は「十重禁戒」の第三「不邪婬戒《ふじゃいんかい》」の説明である。男女間において、相手と私と、その関わり合いという三つ（三輪）が清らかで、希望《けもう》する心がなければその時、仏と道連れ（同道）であると言う。

仏心に安住していたら慎み（戒）を犯すことはないはずだというのが、道元禅師の戒の教えである。

室町時代の末期には、禅の授戒を受けるという信仰がかなり広まっていた。

江戸時代の初期に庶民に歓迎された芸能に説経節《せっきょうぶし》がある。小栗判官や安寿と厨子王の話などはこの説経浄瑠璃である。元禄年間に「越前永平寺開山記」という説経節の台本が版行されている。

それは、神道丸という道元が十五歳の時、中納言が家督を神道丸にゆずろうとしたために、継母はわが子かな若丸に継がせようとして神道丸を亡きものにしようという謀略から始まる。木下将監は命令を受けるが、事の真相を知ったかな若丸は身代わりとなる。そのため、木下は自害し、木下の子、梅王（道正）は父の首を持って神道丸のもとに駆け付け、二人そろって比叡山に逃れるのである。

やがて中国から帰った禅師は光照寺を開く。ある時、大原の奥で病気のために歩けない母娘に会い、道正が中国から伝来した解毒丸《げどくがん》を与えて救い、戒経を授与する。それは継母と義妹松よの姫であった。

諸国行脚《あんぎゃ》の禅師は幽霊に血脈を与えて救い、悪霊には呪文を書いて与えてこれを門口に貼らせる。こうして永平寺を開いたという粗筋《あらすじ》である。

見事な構成であり、中世の説経浄瑠璃の手法を用いつつ、その後の歌舞伎の筋にも共通する要素がある。ここで血脈・解毒丸・お札など、すでに当時民衆に向けて勧めていたものなのであろう。これは永平寺の復興勧進と関連したものであるかどうかはわかっていない。

ところが八十年ほど後に、面山瑞方《めんざんずいほう》の書いた『訂補建撕記《ていほけんぜいき》』には、この説経本の中の奇怪譚のいくつかが取り入れられてくるのである。庶民信仰・庶民芸能とは無縁だと思われていた道元禅師信仰の意外な広がりを紹介して、道元禅師の百話を終わることにしよう。

参考文献

『古本校訂　正法眼蔵』全　大久保道舟編　筑摩書房

『道元禅師全集』下（正法眼蔵随聞記）　大久保道丹編　筑摩書房

『祖山本　永平広録　考注集成』　渡部賢宗・大谷哲夫監修　一穂社

『瑩山伝光録』　吉田義山編　曹洞宗宗務庁再刊

『永平高祖行状建撕記』　小川霊道編　日本仏書刊行会

『道元』　竹内道雄著　吉川弘文館

『道元小事典』　東　隆真著　春秋社

『道元事典』　菅沼　晃編　東京堂出版

『道元禅師伝の研究』　大久保道舟著　岩波書店

『道元思想大系』1〜4　中尾良信・佐藤秀孝　高橋秀栄・吉田道興編　同朋舎出版

『正法眼蔵随聞記』　水野弥穂子訳　筑摩書房
『正法眼蔵随聞記の世界』　水野弥穂子著　大蔵出版
『修訂　道元の言葉』　大久保道舟編　誠信書房
『禅師　道元の思想』　柴田道賢著　公論社
『道元』　山折哲雄著　清水書院
『道元』　圭室諦成著　新人物往来社

中 野 東 禅（なかの・とうぜん）

1939年（昭和14年）静岡県生まれ。大本山永平寺安居。駒澤大学仏教学部禅学科卒業、曹洞宗教化研修所研修生・研修員・研修所員。駒澤大学大学院修士課程修了。

曹洞宗教化研修所講師、主事、駒澤大学非常勤講師、可睡専門僧堂後堂を経て、現在曹洞宗教化研修所講師、大正大学講師、武蔵野女子大学講師（共に非常勤、死生学・生命倫理担当）、京都・竜宝寺住職。

　また「医療と宗教を考える会」世話人、「死の臨床研究会」世話人、「儀礼文化学会」評議員、「ナムの会」副総務など。

　［著書］『中絶・尊厳死・脳死・環境…生命倫理と仏教』（雄山閣）。『大安心…最期のしあわせ』（雄山閣）。『いつでもできる坐禅入門』（毎日新聞社）。『観音経』（講談社）。『良寛』（創元社）。

道元百話　新装版

1998年６月25日　初版第１刷発行
2016年８月25日　新装第１刷発行
2024年６月14日　新装第４刷発行

©著　者　中 野 東 禅
発行者　稲 川 博 久
発行所　東 方 出 版㈱
〒543-0062　大阪市天王寺区逢阪2-3-2
電話（06）6779-9571
FAX（06）6779-9573
装　幀　森 本 良 成
印刷所　亜細亜印刷㈱

乱丁・落丁本はお取り替え致します。

ISBN978-4-86249-270-8

永平寺の四季　落井俊一写真集【新版】	落井俊一	一、八〇〇円
法華経のあらまし【新装版】	高橋勇夫	一、七〇〇円
法華経の世界	平川　彰	二、〇〇〇円
現代訓読 法華経【新装版】	金森天章訳	三、〇〇〇円
サンスクリット原典から学ぶ 般若心経入門	真下尊吉	一、八〇〇円
般若心経に学ぶ【新装版】	宝積玄承	一、八〇〇円
目で見る 坐禅入門【新装版】	宝積玄承	一、七〇〇円
仏像の秘密を読む	山崎隆之	一、八〇〇円
墓と仏壇の意義【新装版】	八田幸雄	二、五〇〇円

＊表示の価格は消費税を含まない本体価格です＊